内師

1952－2022

内蒙古師範大學

70周年校庆

70th ANNIVERSARY OF
INNER MONGOLIA NORMAL UNIVERSITY

内蒙古师范大学70周年校庆学术著作出版基金资助出版

家庭秩序之变

魏村的养老与婚姻

魏 霞 著

中国社会科学出版社

图书在版编目(CIP)数据

家庭秩序之变：魏村的养老与婚姻 / 魏霞著. —
北京：中国社会科学出版社，2022.6
ISBN 978-7-5227-0145-5

Ⅰ.①家… Ⅱ.①魏… Ⅲ.①家庭问题—研究—中国
Ⅳ.①D669.1

中国版本图书馆 CIP 数据核字(2022)第 069937 号

出 版 人　赵剑英
责任编辑　刘亚楠
责任校对　张爱华
责任印制　张雪娇

出　　版　中国社会科学出版社
社　　址　北京鼓楼西大街甲 158 号
邮　　编　100720
网　　址　http://www.csspw.cn
发 行 部　010-84083685
门 市 部　010-84029450
经　　销　新华书店及其他书店

印刷装订　北京市十月印刷有限公司
版　　次　2022 年 6 月第 1 版
印　　次　2022 年 6 月第 1 次印刷

开　　本　710×1000　1/16
印　　张　12
插　　页　2
字　　数　221 千字
定　　价　78.00 元

凡购买中国社会科学出版社图书，如有质量问题请与本社营销中心联系调换
电话：010-84083683

序

魏霞博士毕业于中央民族大学，学习社会学专业。社会学是一门试图用科学的思维逻辑来讨论人类社会和社会生活的学科，提倡科学性和人文性。家庭是社会的单位、是社会的摇床，人类种种生活的基本，都源于家庭，故家庭是社会学研究的一个重要领域。费孝通先生晚年常说“农民和农村的问题解决了，中国的问题就解决了”。魏霞博士所作之书研究农村家庭，是解决党和政府高度关注的农业、农村和农民问题的切入口。

2020 年第七次人口普查数据显示，我国 65 岁以上老人已经增长到 19064 万人，占总人口的 13.5%。中国已经进入中度老龄化社会，但我国全面建成多层次社会保障体系还有较长的路要走。人口老龄化、城市化、少子化等问题，对以家庭养老为主的农村养老是很大的挑战。魏霞博士能够将农村养老作为选题，表现出她对脆弱群体的关怀。“老吾老，以及人之老；幼吾幼，以及人之幼”，尊敬、爱护老人和孩子，是我国传统思想中人道主义精神的体现，也是社会主义、共产主义精神的重要方面。我期待她的书中，能够传递人道主义精神，并弘扬中华民族尊老爱幼的传统美德。

书的下编是关于婚姻的研究。婚姻表象上是个人行为，本质上是社会行为。她所描述的农村婚姻中的性别和权力关系、孩子的性别偏好、婚姻的成本与离婚现象的产生等，均与中国的经济社会变迁紧密相连。她提到家庭正在从对绵延子嗣、抚育儿女这条纵向轴的重视转向对婚姻和夫妻情感这条横向轴的重视。这是个很有意思的观点，说明个体似乎“破茧成蝶”，在社会生活中具有了更强的能动性，而社会和个人又永远相互配合和制约。

她观察到“全面三孩”生育政策实施后，家庭对政策的敏感度不高。她所调查的魏村 2000 年以后成立的家庭，户均 1.35 个孩子。这就说明调整生育政策后，还要进一步加强对农村家庭的配套支持措施，以改善我国人口结构、落实积极应对人口老龄化国家战略。

魏霞博士对“养老”和“婚姻”两个问题做了很深入的调查，她说自己作为家乡人，用“若即若离”的目光观察了魏村几十年的变化。书中她娓娓道来，文笔细腻生动，理性而有人文关怀。希望读者透过她的书，了解我国局部农村地区的家庭变迁，以及农村的养老和婚姻情况，并看到这些情况与整个社会结构的关系。

何理良

前　　言

我出生在魏村，本书撰写过程中，村民村景每天都在我脑海里“过电影”。父母尽管已搬离村庄，但老房子还在。房子前墙用料是红砖，左、右、后三墙用父亲拓的土坯垒成。魏村的人称呼这样的房子叫“砖门面”房。“门面”如同魏村人的“脸面”，无论背后如何心酸，一定要将最好的给人看到。父母的老房子大约40年前建成，后来，人们的生活水平提高了，不需要再建“砖门面”房，村里都是砖瓦房了。

父母的房子有东西两个门，进门是炕，炕和厨房用玻璃墙隔开，里间是床。东西两套布局相同的房子，凝聚了父亲拓坯子建房时的心思。哥哥成亲后住西房，父母住东房。父子同在一个屋檐下生活，40年前非常普遍，20年前也普遍。但这20年，尤其最近10年发生了很大的变化。村庄里居住的年轻人越来越少，成亲即搬离。年轻人成亲的筹码是要县城里有套房子。这样，和父亲有一样心思建起来的大房子，多数时候，就只有老夫妻居住。自然地，婆媳矛盾以及与此相关的话题也少了。

我忘了小时候有多少次早晨在邻人们与父母的聊天中醒来，村民之间保持着一种“自洽”的边界，炕即客厅，即沙发，即母亲和婶子大娘们打扑克的娱乐场地，哪个来串门不让到炕上坐，便是待客不周。一家人吃饭，邻居们坐在边上观摩是常事。我们也锁门，但是门是锁给村外人的，村里人之间，很多人家都知道彼此的家门钥匙放在哪个角落里。村民们“东家长西家短”，传递信息、沟通感情、缓解压力。

2000年之前，我家老房子东屋的炕奶奶住，西屋的炕上嫂子生了孩子，我父母住东屋里间，那时，我和姐姐已经离家工作了。四代人住一栋房子，母亲一日三餐照应大家吃喝。我常年不在家，也不记得父母和哥嫂之间有什么冲突，哥嫂在县城有房子，孩子小，他们清楚在父母家是“暂住”，孩子大一点能上幼儿园时，他们就彻底搬走了。“婆媳”距离上的分离大大降低了矛盾发生的概率，今天，婆媳矛盾在魏村更少了。我访谈时，能听到的婆媳矛盾多是母亲那一代人对婆媳矛盾的回忆以及新一代老人对婆媳关系的小心翼翼。

小的时候，村里每户人家之间有矮矮的土墙隔着，谁家吵架拌嘴打架，土墙上、院子里很快就挤满了人。即便这种场合，村民依然能够理性地保持一种“自洽”的距离，不是所有人都上前劝解，出面的往往是村干部和家人，其他人自觉担任观众。围观后，做专业点评，比如谁谁出现得及时，劝说得对；谁谁偏心，不公允。我后来学了一点社会工作的专业知识，回头看村里这些“谁谁”们，他们扮演了调解者、沟通者、教育者、咨询者等诸多角色。我甚至觉得2000年之前魏村婚姻家庭的和谐，与矮矮的土墙、与这些在冲突中出现的“谁谁”们、与坐在矮墙上只点评不多嘴的观众有关，人们保持着“自洽”的分寸感。

村里的每家人之间不管是否同姓，似乎都有亲属关系。母亲介绍他们为大娘、二婶子、三大爷、四叔、五爷爷，等等。如今，离家二十年的时间，我已经“儿童相见不相识”了。原先的这些大娘婶子们逐渐成了老人，我们之间客气而生分。我儿时曾经坐在矮墙上围观他们夫妻之间、公婆之间打闹，但是，他们的家庭维持得很好，一辈子在打打闹闹中过成了亲人。现在，他们中部分人抚养着离异子女留下的孩子，在为下一辈人不打闹但分离的婚姻焦虑。“离婚”在魏村是2000年前后才出现的，起初非常少，而且离婚是被村里人所不齿的“丑闻”，离婚的家庭会遭村民“笑话”。现在，按照姓氏，几乎村里每个大家庭都有离婚情况，村民之间也不再互相嘲笑，老人们对待离婚，无奈地说“儿孙自有儿孙福，管不了了”。

为子女带孩子的初老期和中老期的老人们，已然开始考虑自己的养老问题。很幸运的是，这些老人中几乎没有行动不便的人。魏村并不是“健康村”或“长寿村”，2000年以后不到200人的村庄，出现七八例癌症患者，最年轻的40多岁就去世了。这些初老期、中老期的老人们谈到养老时，有的提及去“养老院”。“机构养老”曾和“离婚”一样在魏村是被污名化的，约等于子女不孝。老人们能主动提及，必然是对自己的境况做过评估。魏村暂时还没有，但周围已有村民选择或被迫选择机构养老。农村和城市一样少子化，初老期、中老期的老人们的孩子，多数不选择从事农业劳动，不与父母同处一个屋檐下，“不共火、不共活”使家庭养老失去了基本的条件保障。年轻的媳妇娶进门后，几乎没有和公婆共处的经历，能不能亲力亲为为公婆养老送终，无论在子女还是在老人们心中，都是未知的。

村庄有几位生病后无法自理长达两三年的老老期老人，他们的养老并不完全由儿子承担。对寿命高、卧床时间长的老人，子女选择共同担负照顾职责。有些老人在子女家轮流居住，有些在自己家由子女轮流来照顾。老人卧床时间越久，子女之间的关系越紧张。有些父母轮火头轮到自己，而自己因各种原因无法实施照顾的子女，选择请保姆替代，兄弟姐妹之间愿意代为受之的很少。这种情况和2000年之前不同，2000年之前，养老基本是儿子的责任，老人生病，儿子出钱、女儿出力似乎是约定俗成。20年的时间，养老方式上的制度养老（城乡居民养老保险）、机构养老，养老理念上的儿女共担、老人自养已渗透在魏村人的思想里，并迅速反映在他们对家庭经济的安排上。

魏村“初老期”和“中老期”的老人们，因为子女数量变少和所从事劳动类型变多，家庭较早地出现空巢现象，这使他们有精力或时间关注自己的配偶。多数老人非常在意自己的“老伴儿”，老人们聚在一起聊天时，说“老两口，一个走了，另一个像喝了慢性毒药一样，很快也会走”。我从没有想到，我的农民叔叔大爷们，竟然可以说出如此浪漫的话，这种岁月沉淀的生动表达让我重新认识夫妻、婚姻这条家庭横线的扎实存在。在我小的时候，谁家男人做饭，这家的男人就会被认为“没出息”，女人会被认为“不贤惠”。30年后，当年的大男人们都开始变得“没出息”，他们做饭、做家务，关心自己的老伴儿，认为“老伴儿”“老本儿”“老窝”才是养老最重要的资本。

列维-斯特劳斯（Claude Lévi-Strauss）在《亲属关系的基本结构》中把20世纪40年代的人类学亲属制度研究中存在的两种大的理论张力称为“纵向派”和“横向派”，即继嗣理论和联姻理论，费孝通先生的《生育制度》正是这两种理论之争中的一部重要作品。他以纵向的社会继替为核心展开自己对家庭组织的论述，并将家庭定义为一个以亲子关系轴为主的绵延子嗣、抚育儿女的场所，认为家庭的主要职能是社会继替，是抚育，即纵向这一条线；而横向的婚姻和夫妻关系是缺乏关注并被忽略的。

如今魏村人对夫妻关系的关注，并不代表他们忽略了“社会继替”。魏村的老人照样关注孩子的结婚生子，只是在生男生女方面略有放松，不再苛求一定要生个男孩。魏村结婚的年轻人里，也没有丁克家庭，无论男女，至少会要一个孩子。他们并没有因为婚姻变得不稳定而推迟生育，依然认为生育是稳定婚姻的基本要素，符合费孝通先生定义的家庭“一个满足‘种族绵延需要’的功能体、一个‘生育三角形’”。但年轻人一旦离婚，就加重了老人们的负担。孩子通常由爷爷奶奶代为抚养，以便让子女较容易地重新组建家庭。

必须提及的是50岁以上的村民们对两性关系的重视。这个年龄在魏村通常孩子已婚，且有了孙辈。过去魏村人称“半截身子埋土里了”，该“知天命”的年龄；现在看来并非如此，50多岁，尤其是男性在孩子成婚后，开始重视自己的婚姻。他们认为完成了社会继替的使命，考虑一下自己的感情似乎也不是冒天下之大不韪的事情。这个年龄的男性若有这样的选择，通常把家和财产留给前妻，自己出去务工或者另立门户。他们要冒比年轻人离婚更大的风险，比如子女的决裂、村民的议论，等等。

在魏村，养老最重要的老本儿是土地，老老期老人们的传统是在儿子们都结婚后，将土地全部分出去，老人选择和其中一个儿子共同生活。在可以劳动的时候，主要为这一个儿子做贡献，失去劳动能力后，这个儿子尽主要养老责任。但2000年年初起，已经有老人无法用“父母”身份和传统分配方式换取有尊严的养老保障，甚至有老人因为生病的折磨和子女在自己生病后产生的矛盾而不堪重负选择自杀。

现在进入中老期的老人目睹这些情况，在房屋建筑、买房购房、家畜土地分配上均做出安排，他们保留部分土地，选择和子女“合作”而非“依附”，在收入与支出方面与子女尽量独立，以积累自己养老的“老本儿”。经济上的独立使老人获得了人格上的自尊，但仍然未解决老人们真正“老”的时候由谁照顾的问题，老年夫妇中至少有一个需要完全交由“他人”照顾。因此，老人仍然首选由身边的子女“养老送终”。他们提到的“住养老院”是退而求其次的选择，没有老人真正愿意住养老院。

在完成本书期间，笔者由母亲陪着回到村庄调查，期间一个卧床两年多、在六个子女家“轮火头”的老人去世。几个子女在照顾老人方面发生了矛盾，老人葬礼过后，子女们之间发生了争吵。有的两两之间中断往来，关系什么时候能够恢复不得而知。父母是子女之间情感联系的纽带，却也成了兄弟姐妹之间产生断裂的根源。

笔者一直想写一本关于魏村的书。记录分析这些曾经熟悉的人们的生活，而真正开始写的时候，发现对他们如此陌生，村民们对笔者也同样陌生。笔者力争不对他们的任何行为做价值判断，尽量从研究者、从学术的角度还原一个农业村庄在几十年的变迁中纵横关系的改变，为我国农村经济社会关系的变迁提供一个案例。

此书封面为魏村一个传统院落，希望乡亲们的生活恬适宁静；希望乡亲们的老年，可以得到冬日阳光的温暖；希望他们的爱情，可以如夏花般灿烂。

目　　录

上编　养老

下编　婚姻

上编　养老

导　论

人们都愿意长大，但不愿意变老，变老多数时候伴随健康与体力的减退。“尊老”“爱老”“敬老”是从文化上倡导对老人荣誉的保留。传统的父权制家庭，因家长掌握着家庭财产分配的权力，尤其儿子婚后和父母共居时，父母更易继续扮演一家之主的角色，老人的地位可以通过他们的权力得以维持。据研究，在仅通过父亲或母亲（父系制或母系制）而不是双方追溯继谢的社会，老人更可能有较高的等级地位。当家庭的政治权力或财富不是固定与特定家系有关时，父母的等级不大可能像等级与特定继承线紧密联系的体系那样，随年龄而提升。[①] 通俗一点讲，随着妇女与自己家庭联系的加深，公婆在家庭中的地位降低。几乎所有社会，老年人如果经济上富有，就会受到更多的尊敬。因此，在地位同财富和收入紧密联系的社会，老年人的社会地位随着退出劳动，即不再是家庭的主要创收人，而是消费者后下降。

就大多数人而言，老年是一个逐渐过渡的阶段，“老龄”很少按生理特性的变化、健康状况或衰老情况来定义。在魏村，老龄的含义普遍是根据称谓的变化确定的，一个人多了“爷爷”“奶奶”的称谓，就被认定进入老年了。相应地，也要处理和称谓相关的社会关系和社会角色。魏村的老人，未到初老期就知道如何做一个“省事的人”，因为不再创造更多的经济价值却能够照料自己的人与那些完全依赖他人并被看成社会负担的人是有区别的。[②]

---

① 邹勤：《无声的交流：婚态 · 心态 · 原始掠夺》，西南交通大学出版社 1992 年版，第 165 页。
② 邹勤：《无声的交流：婚态 · 心态 · 原始掠夺》，西南交通大学出版社 1992 年版，第 169 页。

在乡村振兴和全面建设小康社会背景下，农村的发展，包括教育、医疗和养老等问题越来越为学者们所关注。养老作为家庭保障功能的内容，通常在家庭结构的安排中实现。我们看到，改革开放以来，农村家庭结构本身已经发生了质的变化，与之相伴的是农村社会在“家庭养老”观念方面出现的变化，进而人们为自己年老时做出的养老安排也发生了变化。这一系列的变化最终促成农村家庭养老方式的变化，即新一代老年人开始有目的地选择“自养”。随着经济的发展和人民生活水平的提高，农民对自己的老年生活有了新的预期，已不只停留于维持生存的层面。面对现实中高龄老人用其“父母”身份、以牺牲自己的尊严为代价换取最基本的生存保障，新一代老人吸取教训，尽其所能地保护老年期经济的自由和生活的尊严，避免自己的老年生活陷入困境。

2003 年之后实施的城乡医疗保险（新农合）以及 2006 年起实施的城乡养老保险（新农保）为农村老人提供了一定制度保障。魏村的人们从子女成人起就进入对老年生活的安排，在房屋建筑、买房购房、家畜土地分配上，“老年怎么过”均在考虑之中，老年人的基本策略是“土地换保障”。若依照当地的传统，他们通常将用于养老的那份土地和其他财产交给某个儿子，同时存在的隐性契约是该子在养老过程中承担赡养的主要责任。但现在的情况是，大多数老年人在子女全部成婚后选择独自生活，并依然保留部分土地，在收入与支出方面与子女尽量独立，即积累自养的经济能力。进入 21 世纪，父子家庭之间的关系有了新的变化，魏村的父母希望子女能够与其保持经济上的独立，但子女依赖老人的情况较多。少子化之后，父子两代人的彼此依赖能否为父代的养老提供保障还不得而知，只有这代人过完老年，才知道他们老年是怎么过的。

21 世纪初，魏村的老人已经可以保留一部分土地作为自己的“养老田”，主要原因是子女数量减少使新一代老人能够在析产时保留数量较多的土地。其他原因包括：一、农业现代化降低了从事农业生产的体力要求，农民在年龄较大时仍然可以进行田间劳动；二、农业税费的减免以及农产品价格的提高使土地的产出有了大幅度的提高；三、在市场经济条件下，土地变现相对容易。经济上的独立使老人获得了人格上的自尊，但仍然未解决老人们真正“老”的时候由谁照顾的问题。生育率的下降引起家庭结构的变化，死亡率的下降引起预期寿命的增长，从而导致单人和核心老人户的增加。[①] 老年夫妇中至少有一个需要完全交由“他人”照顾。老年人失去体面和尊严的风险，往往由老年夫妇中“后离开”的那个人承担。

一项对1770年至1820年美国老人地位的研究表明，社会对财富的认可大于对年龄的认可，老年人不但被闲置一边，而且对他们的歧视，甚至鄙视也有增无减。这个时期早于工业化社会，因此老年人地位的降低不能归咎于从乡村生活到城市生活的变迁。[②] 中国、日本也有关于遗老、弃老的研究。老年不是人生由年轻变老的突然转折，多数人在成长的过程中能够耳闻目睹社会对老人的态度，因此，他们会尽力对自己的老年有一个体面而尊严的安排。

老人自养、老人与子代分家析产，彼此独立，甚至出现老人自杀现象都不能简单地解释为孝道的衰落。魏村以农业经济为主，但属于移民社会，所以，祖先崇拜的文化虽然有但并不浓。笔者曾假设“祖先崇拜”的匮乏会影响孝道文化，但近些年关于南方农村老人自杀率高于北方农村的结论[③]，说明即便在祖先崇拜文化浓郁的地区，孝道文化似乎也日渐式微。很多家庭将对祖先的关照看作一种延迟的互惠[④]，他们以烧纸等形式轻易满足祖先在“阴间”的要求，对人间的责任却显推诿。但另一面，在当前农村中，遗弃、虐待、对老人尽不到孝心的家庭依然会受到社区舆论的谴责。“从‘抚养—交换—赡养’整个代际关系看，无论古今还是中西，父母对子女的帮助都大于子女的回报，抚养的成本远远高于赡养的成本。”[⑤] 魏村的养老有不尽如人意之处，但总体上说，老人通过自己的准备、子女的帮助、制度的覆盖，基本可以安度晚年。不管农村老人选择子女养老还是自我养老，都是在没有足以产生替代作用的农村养老保障制度嵌入以前，系农村家庭内部自我调节和整合的方式。

---

① ［美］马克·赫特尔：《变动中的家庭——跨文化的透视》，宋践、李茹等译，浙江人民出版社1988年版，第232页。

② 邹勤：《无声的交流：婚态·心态·原始掠夺》，西南交通大学出版社1992年版，第171—172页。

③ 刘燕舞：《农村老年人自杀及其危机干预（1980—2009）》，《南方人口》2013年第2期。

④ ［英］莫里斯·弗里德曼：《中国东南的宗族组织》，刘晓春译，上海人民出版社2000年版，第113页。

⑤ 刘汶蓉：《反馈模式的延续与变迁：一项对当代家庭代际支持失衡的再研究》，上海社会科学院出版社2012年版，第190页。

第一节　研究背景与问题

一　人口老龄化的挑战

人口老龄化是一个全球性的问题。西方国家在工业化、城市化的过程中，人口出生率下降的同时，预期寿命显著增长，最终在现代化完成阶段出现人口年龄结构老龄化、高龄化。人口老龄化导致劳动力供给的不足和对养老保障需求的增加，迫使西方国家在养老、医疗、人口、移民、就业等一系列制度方面做出调整。

和发达国家不同，众多发展中国家在现代化尚未完成之时便出现了老龄化问题。按照联合国的标准，60 岁以上老年人口达到总人口数的 10% 或者 65 岁以上老年人口占人口总数的 7% 以上的国家就属于人口老龄化国家。按照这个标准，我国 1999 年进入老龄化社会。2005 年年底我国 65 岁以上人口达到 10055 万人，占总人口数的 7.7%；根据 2020 年第七次人口普查数据，65 岁以上老人增长到 19064 万人，占 13.5%，已接近老龄社会 14% 的老龄系数标准。① 我国老龄化程度明显加深，总抚养比和老年抚养比快速攀升。②

尽管改革开放以来，我国经济发展取得了举世瞩目的成就，但人口老龄化的速度依然大大超过了经济发展的速度。很多西方国家 65 岁以上老龄人口从 5% 上升到 7% 用了 40 年到 100 年的时间，而我国只用了不到 20 年的时间。这给尚处于转型阶段的养老保障制度体系带来极大的挑战和压力。

二　农村养老

几千年来，我国一直是个农业人口大国。新中国成立以后，开始了国家推动的工业化过程，城市人口比例逐步提高。第七次人口普查数据显示，居住在城镇的人口为 90199 万人，占 63.89%。近些年，农村养老相比 2000 年

① 穆光宗、林进龙：《人口老龄化与老年人问题关系的再讨论》，《新疆师范大学学报》（哲学社会科学版）2021 年第 5 期。

② 贺丹、刘厚莲：《中国人口老龄化发展态势、影响及应对策略》，《中共中央党校（国家行政学院）学报》2019 年第 4 期。

前有了显著的制度性保障，但大部分农村仍然以家庭养老为主。由计划到市场的经济转型带来了一系列社会转型，严重冲击了农村社会经济秩序，农村家庭养老处于失范的状态。在农村家庭生活水平从贫困到温饱再到实现全面小康的过程中，农村老年人口因秩序、传统、社会结构等多方面的变化，依然处于相对弱势的地位。

我国从20世纪50年代起，开始建立和实施社会保障，取得了巨大成就。中国特色社会主义建设进入新时代，我国社会主要矛盾已经转化为人民日益增长的美好生活需要和不平衡不充分的发展之间的矛盾。[①] 社会保障作为社会重要“安全阀”，也在从“建立”走向“健全”。对于农民而言，“从无到有”经历了漫长的过程，已有的政策保障给了他们很强的获得感和安全感。

发展多种形式的农村养老保障制度是我国长期以来的政策基准。1996年的“九五”规划指出：“农村养老以家庭保障为主，坚持政府引导与农民自愿，发展多种形式的养老保险。”在十年后的“十一五”规划中，规定“探索建立与农村经济发展水平相适应、与其他保障措施相配套的农村养老保险制度”。也就是说，在一套正式的农村养老保障制度（以及更多的社会保障制度）建立、完善之前，农村仍然以家庭养老为主。但“十三五”规划建议提出，积极开展应对人口老龄化行动，全面放开养老服务市场，养老面临走出家庭的问题，我国人口老龄化态势要求全社会积极开展应对人口老龄化行动。“十四五”规划纲要提出，基本养老保险参保率提高到95%，发展多层次、多支柱养老保险体系。

“养老服务”“养老保险”在多大程度上改善了提高了农村家庭养老的质量？现阶段农村家庭养老究竟是怎样的状态？出现了哪些新的问题？老年人自己有什么应对措施？社会有什么反应？政府还有哪些工作需要做？这些都是本书写作过程中想要解释分析的问题。

第二节　命题与概念

本书在调查研究中运用了“家乡社会学”的调查方法。马克斯·韦伯

---

① 习近平：《决胜全面建成小康社会 夺取新时代中国特色社会主义伟大胜利》，《人民日报》2017年10月28日第1版。

（Max Weber）认为热情是“灵感”这一关键因素的前提①，对家乡研究的热情同样激发研究的灵感，但同时，正如这种调查方法的批评者所警惕的那样，“家乡社会学”研究者会带着一些先入为主的印象。比如笔者认为家乡人“父慈子孝，养儿防老，朴实善良，没有算计”，但随着调查的深入，这些印象和认知在一点点发生变化。笔者尽力在叙事研究中遵照事实，不因笔者个人的生命体验而违反科学伦理，力争做到理智而真诚。

魏村老年人的基本生活情况如下：

1. 只有少部分老老期老人与某个儿子同住，进行传统的家庭养老。能够自理的老人，如果夫妻双方都健在，且一方相对健康并有自理能力，通常不依赖子女；若夫妻只剩一方在世，且生活自理情况不佳，则养老质量不佳，随着老人身体情况的弱化，家庭矛盾容易激化。

2. 21 世纪初，大多数老人已经同子女们分家另过，即便独子家庭也是如此。人们认为，老年人生活得好不好，和老人“聪不聪明”有很大关系。能公平地分配财产、不制造家庭矛盾、不打扰子女们生活的老人一般会得到尊重。老年人清楚地意识到，子代是否尊重自己与自己的自养能力（也就是为子代“减负”的能力）有很大关系。当地家庭的主要收入来自于农业、养殖业和部分农闲时的务工收入，老年人通常会保留一部分土地，力所能及地再养几只家畜家禽，过自给自足、经济上与子女独立的老年生活。

3. 老人自养自 20 世纪 90 年代以来成为趋势。现在，只有个别父母（未来的老人）在儿子结婚后选择和小夫妻一起生活，但目的是帮助小家庭成长。老人自养成为普遍现象。老人自养并不意味着老人和子代家庭间关系的断裂或破裂，他们会和生活在身边的子女们进行生产上的合作和生活中的互助。子女对老人的支持关系在某种程度上转变成一种互惠关系。

4. 传统的“婆媳关系”“婆媳矛盾”随家庭居住格局调整和分家合作的变化不再突出，兄弟姐妹容易在老人的养老问题上发生冲突。“养儿防老”中的“儿”不再仅指儿子，女儿参与老人养老的情况已经非常普遍。

5. 老年人中出现“自杀”和“不治而亡”的情况，从村民的闲言碎语中，能够窥视到他们对这些现象的不满和对孝道的渴望。

---

① ［德］马克斯·韦伯：《学术与政治》，冯克利译，生活·读书·新知三联书店 2005 年版，第 24 页。

实行家庭联产承包责任制40多年来，魏村人“养儿防老”的观念发生了变化，当地的养老方式正由家庭养老向老人自养转变，而人们并没有放弃对“养儿防老”的期待。为了进一步廓清命题、便于行文，对以下基本概念进行界定：

1. 老人。从生物意义上，老人即进入体质衰老阶段的人。现代社会依据统一的年龄标准，通过退休制度将这部分人口退出劳动力市场。联合国将年龄在60岁以上的人口界定为老龄人口。欧洲部分国家早在20世纪末就由于人口老龄化的压力提高退休年龄，我国也在进行养老保险体制改革和退休制度改革。在农村日常的社会生活中，老人除了指年老者之外，还指长幼关系中的长者。为了消除不同标准带来的冲突，本书依然按照联合国的标准，将年龄为60岁以上的人群界定为老人，60—69岁为初老期老人，70—79岁为中老期老人，80岁以上为老老期老人。

2. 家庭。家庭通常指基于血缘关系和婚姻关系组成的社会实体，或者功能主义人类学意义上的“亲子所构成的生育社群”①。家庭同时也是一种经济实体，家庭成员间存在基本的经济关系。无论判断别人的家庭关系还是讲述自己的家庭关系都有一定的情景性。② 人类学家普遍使用家庭这个名词时，是指一个包括父母及未成年子女的生育单位。中国人所说的家，基本上也是一个家庭，但它包括子女，有时甚至是成年或已婚的子女。有时，它还包含一些远房的父系亲属。③ 这是从家庭的情景性和家庭文化说的。农村中最基本的社会群体就是家，一个扩大的家庭，这个群体的成员占有共同的财产，有共同的收支预算，他们通过劳动的分工过着共同的生活。儿童们也是在这个群体中出生，养育并继承了财富、知识及社会地位。④

如今，包括父母及未成年子女的核心家庭占大多数。随着人口转变与社会转型，家庭户规模缩减，根据第七次人口普查数据，2020年，我国每户平均人口2.62人。基于血亲基础上的代际反哺和亲情赡养正在家庭人口规模小型化的进程中逐步弱化。⑤ 魏村人所指的家庭，依然是传统的家，包括未婚、

---

① 费孝通：《乡土中国 生育制度》，北京大学出版社2006年版，第32页。

② ［日］上野千鹤子：《近代家庭的形成与终结》，吴咏梅译，商务印书馆2005年版，第4—6页。

③ 费孝通：《江村经济》，商务印书馆2001年版，第41页。

④ 费孝通：《江村经济》，商务印书馆2001年版，第41页。

⑤ 穆光宗：《当前中国家庭户小型化的社会意涵》，《人民论坛》2021年第21期。

已婚子女。

3. 养老。养老有两种基本意思，一是老人度过老年时光时的生活状态；二是老人作为供养的对象，得到经济支持、生活照料、精神抚慰的社会行为。本书主要在第二种意义上使用“养老”一词。

4. 家庭养老。如果将老年支持网络简单两分为基于血缘和婚姻的家庭关系、基于身份和地位的社会关系，养老模式也可以界定为家庭养老和社会养老两种。两种养老模式之间并不是绝对两分的，两类关系在对老人的经济、生活、精神支持三个层面各有不同的权重。通常，家庭养老就是由子代为老年人提供经济支持、生活照料和精神慰藉的养老模式。① 是在经验事实和“养儿防老”观念下纵向的责任关系，而“老人自养”强调家庭中的横向支持。在传统的小农社会中，纵向支持的家庭养老非常普遍：父母要和一个已婚儿子组成一个直系家庭，并在这个家庭中终老；这个儿子对老人的养老负有主要责任，其他的子女也负有一定的供养责任。家庭养老有一些特别的形态，如“轮火头”、招赘以及到女儿家养老。

5. 自我养老。自我养老主要从自我经济支持的角度考察老人的生活状况。这类老人没有或仅有少量的离退休金等制度性经济保障，主要靠储蓄、劳动收入或其他收入（如租金、股金）来维持生计。他们可能有子女，但不依靠子女，或者没有子女或亲属。② 他们可能是老两口，也可能是单身一人。对有子女但经济独立、独自生活的老人而言，“自我养老”可能是一种长期的“过渡”状态，他们可能在自己丧失自理能力时依然会回归到传统的家庭养老或依赖社会养老。因魏村自我养老依然在家庭中实现，并且亲子两代之间有紧密的互动，在老人进入老老期后，有可能回归到传统的家庭养老。老年人自身存在对增龄和老化（Aging）过程的适应能力与态度问题。③ 魏村老人分家析产时的财产保留以及与子女之间的相互独立又彼此互惠，也是自身应对增龄的行为调整。

---

① 陈功：《我国养老方式研究》，北京大学出版社 2003 年版，第 41—45 页。

② 穆光宗、姚远：《探索中国特色的综合解决老龄问题的未来之路——“全国家庭养老与社会化养老服务研讨会”纪要》，《人口与经济》1999 年第 2 期。

③ 唐灿：《家庭现代化理论及其发展的回顾与评述》，《社会学研究》2010 年第 3 期。

第三节 研究方法

农村家庭养老研究基本上是“农村家庭”“农村养老”两个问题域交叉而成，因此至少有两种基本的研究策略可供选择。第一种是社会学、人类学式的研究：将农村作为传统的寄存之所，将养老作为传统的一种呈现，而农村养老问题则转化为社会文化变迁问题或农村家庭现代化问题，因此，这种研究可以把宏观的社会制度变迁、文化变迁的分析和微观的社会行动结合起来呈现给读者。第二种是社会保障研究的路径，先将农村养老问题化，接着探讨运用社会政策提供“医治”的可能。本书选择第一种研究策略。

魏村是内蒙古河套地区五原县的一个村庄，选择家乡进行研究被部分学者称为“家乡社会学”“家乡人类学”。这种研究方法固然有低成本、易融入的特点，但由于研究者可能自认为非常熟悉调查地点而忽略一些重要的细节，也可能带着各种先入为主的概念体系不自主地去筛选事实，研究过程可能只是在强化研究者既有构想，研究结果变成了一种深刻的误读。在调查过程中，笔者力求克服这种研究方法的弊端，让论述回到事实本身。加之笔者离开魏村已有20年，对魏村的印象是20年前的印象，因此对问题的了解依然来源于调查本身，而非先入为主的判断。

具体到调查技术上，本书采用了参与观察和深度访谈的方法。深入研究者的家庭，观察家庭成员间的日常对话、访谈财务安排、家庭成员工作安排等；通过深度访谈，从“表面事实”出发，探索背后的“深度事实”①。本书中所有数据资料除注明引用外均为笔者根据实际调查所得。

第四节 文献综述

一 作为制度建设议题的农村养老问题

在社会保障研究的视野中，农村养老被视为一个需要用制度建设来解决

① 杨善华、孙飞宇：《作为意义探究的深度访谈》，《社会学研究》2005年第5期。

的社会问题，因此研究者的主要理论工具是制度分析，研究的主要目的是提供政策建议，人口学家的农村养老研究也基于这种路径。

（一）农村家庭养老的方式与内容

按国家现有的政策，农村老人养老方式大致分为五种：养老金制度；家庭养老方式；低保制度；农村养老保险等多种退养、生活补贴制度；农村“五保”供养制度。农村养老服务包含内容较多，涉及居家养老、社区养老、机构养老、家庭养老、互助养老等。[①] 家庭养老一直是农村人口最主要的养老制度，其余的几个社会养老制度处于次要地位。最近十年，这种情况发生了变化。合并新型农村社会养老保险和城镇居民社会养老保险而建立的全国统一的城乡居民基本养老保险制度作用举足轻重，在减贫和老年人安全感获得方面作用显著。

无论城市乡村、古今中外，养老基本涉及三个方面内容：经济上供养、生活上照料和精神上慰藉。《中华人民共和国老年人权益保障法》也规定了赡养人这些方面的义务，以照顾老年人的特殊需要。根据三方面“养老支持力”的来源，至少从理论上可以尝试将养老模式区分为三种，即家庭养老、社会养老、自我养老。其中，家庭养老又可理解为子女供养或老伴供养或亲属供养，有学者认为影响子女对父母的经济支持大致有四种情况“有心无力”“有力无心”“有力有心”“无力无心”[②]。社会养老指仅仅或主要靠养老社会保障维持生活的老年人的养老模式。自我养老指不依靠子女或亲属（或无从依靠），又没有离退休金的社会保障而主要靠储蓄或劳动收入或其他收入（如租金、股金）来维持生计的养老模式。[③] 近年来，农村自我养老的比例有上升的趋势。[④]

（二）农村家庭养老存在的问题及其根源

家庭养老不仅受家庭成员经济水平、道德水准、供养意愿等因素的影响，还要受到社会整体的经济发展水平、道德观念和法律制度的制约。当今，家

---

① 曲绍旭：《农村家庭养老质量影响因素的实证研究——基于江苏、辽宁、湖北三省的调查分析》，《兰州学刊》2019 年第 3 期。

② 张岭泉：《农村代际关系与家庭养老》，河北大学出版社 2012 年版，第 49 页。

③ 穆光宗、姚远：《探索中国特色的综合解决老龄问题的未来之路——“全国家庭养老与社会化养老服务研讨会”纪要》，《人口与经济》1999 年第 2 期。

④ 穆光宗：《中国传统养老方式的变革和展望》，《中国人民大学学报》2000 年第 5 期。

庭养老的基本依托——中国传统的“孝”文化——已受到老龄化加剧、人口流动、家庭结构变化、制度变迁等因素的冲击。随着亲子间的情感纽带在逐渐松弛，孝道文化也正在被日益泛滥的消费主义、个人主义文化所取代。在支撑孝道文化的制度和经济基础均发生根本性变化的情况下，长辈已不再有可资交换赡养的经济和权力资源。[①] 农村社会衍生出一种“公平交换的家庭养老模式，即子女赡养父母要以继承财产或劳动力作为交换基础”[②]。老年人调整自己的养老安排，“家庭养老演变为自力养老，而这种养老模式的出现会在一定意义上妨碍向善的养老文化的建构”[③]。虽然农村目前还能普遍接受家庭养老制度，但是在养老的制度基础逐渐瓦解后，作为其文化基础的“孝道”观念也已逐渐式微。养老行为上体现为以“供”代“孝”，有“养”无“孝”。[④] 现代性长时期持续地对农村的侵蚀，代际关系变动中亲代支配权转换至子代层面。[⑤] 总之，急剧的现代化过程，特别是改革开放以来的经济、社会的结构转型，涤荡了传统文化的社会根基，成长于其上的家庭养老模式注定要出现变革。

从微观的社会结构看，新中国成立以来的生育制度对家庭养老带来深刻的影响。风笑天专门研究了独生子女家庭的养老问题，他认为中国传统文化中“养儿防老”的思想正是家庭养老的一种客观反映。家庭仍是我国目前赡养老年人的主要场所。无论是老年生活的经济来源、生活照料，还是亲子交往、精神慰藉，有多个子女的现实为他们的养老生活提供了某种客观的保障。但是，对于独生子女家庭来说，这种家庭养老模式的客观基础被抽掉了。只有一个孩子的现实，不仅常常导致独生子女父母更早地步入并且更长时间地经历着人生的“空巢”阶段的生活，同时也将他们置于一种更为脆弱的家庭养老基础之上。无论是经济来源、生活照料，还是亲子交往、精神慰藉，他

---

① 唐灿：《中国城乡社会家庭结构与功能的变迁》，《浙江学刊》2005 年第 2 期。

② 李国珍：《村庄家庭养老秩序的变迁研究——湖北某村李氏家族盛衰变迁为例》，《南方人口》2013 年第 6 期。

③ 陆益龙：《后乡土中国的自力养老及其限度——皖东 T 村经验引发的思考》，《南京农业大学学报》（社会科学版）2017 年第 1 期。

④ 唐灿：《积极创建新型农村家庭养老制度》，《中国社会科学报》2008 年 9 月 18 日。

⑤ 刘燕舞：《中国农村的自杀问题（1980－2009）——兼与景军先生等商榷》，《青年研究》2011 年第 6 期。

们能够从这个唯一的孩子身上得到的都将非常有限。①

（三）现实与对策

中国面临的第一个人口安全问题是人口快速大规模老化，但养老保障根基薄弱。② 许多研究者认为，解决中国农村养老问题要依靠国家、社会、集体（或社区）和家庭相结合的方式。进一步，有的学者认为“社会主义初级阶段家庭养老与社会养老要结合是我们的历史选择（而且别无选择）”③。目前，社会养老、家庭养老与“自我保障”④、“自我养老”并存的情况是具有“中国特色”的养老之路。这种现状是由我国的基本国情决定的。我国农村养老保障体系构建大致经历了“传统家庭养老—集体养老—新型家庭养老—社会化养老”四个演化阶段，这一演化过程也是农村养老保障制度逐步优化、服务供给水平显著提升的过程。⑤ 农村养老保障体系的构建和完善是我国乡村振兴战略实施的重要制度支撑，也是破解农民群体可持续生计困境并显著提升这一群体“获得感”的重要途径。⑥

党的十九大开启了新时代国家发展新征程，以人民为中心的发展取向构成了推进社会保障体系建设新的时代背景。⑦ 养老方面“积极应对人口老龄化，构建养老、孝老、敬老政策体系和社会环境，推进医养结合，加快老龄事业和产业发展”等是满足老人对美好生活的需要的重大制度安排。党的十九届五中全会进一步提出实施积极应对人口老龄化国家战略。“十四五”规划和2035年远景目标纲要明确“实施积极应对人口老龄化国家战略”“促进人口长期均衡发展”。2018年颁布的《关于实施乡村振兴战略的意见》要求

---

① 风笑天：《从“依赖养老”到“独立养老”——独生子女家庭养老观念的重要转变》，《河北学刊》2006年第3期。

② 曾毅：《资源整合与人口流动》，《河南社会科学》2016年第9期。

③ 邬沧萍：《在全国家庭养老与社会化养老服务研讨会闭幕式上的讲话》，《中国老年学杂志》1998年第4期。

④ 刘书鹤：《建立有中国特色的老年保障体系——论我国人口老龄化问题的基本对策》，《人口研究》1999年第1期。

⑤ 牛文涛、姜润鸽：《新中国70年的农村养老保障：历史演进与现实困境》，《农业经济问题》2020年第2期。

⑥ 牛文涛、姜润鸽：《新中国70年的农村养老保障：历史演进与现实困境》，《农业经济问题》2020年第2期。

⑦ 郑功成：《全面理解党的十九大报告与中国特色社会保障体系建设》，《中共中央党校（国家行政学院）学报》2017年第6期。

"构建多层次农村养老保障体系"，《乡村振兴战略规划（2018—2022年）》更强调"提升农村养老服务能力"。积极应对人口老龄化，健全可持续的多层次社会保障体系，完善养老服务体系和健康服务体系，构建养老、孝老、敬老的政策体系和社会环境，有利于满足人民日益增长的美好生活需要，解除老年人的养老之虞。①

二　作为社会、文化事实的农村家庭养老

家庭在社会学、人类学的研究被视为一种基本的社会单元，而养老是家庭的一种功能。研究者要探讨家庭养老与道德传统、社会结构间的关联，分析其在社会变迁的大潮中出现变化的机制。

（一）弃老、杀老和孝道的文化边界

根据日本平安时代（794—1192年）中期的和歌物语集《大和物语》一书记载，曾经有一位年轻人将其年迈的养母弃于坐落于日本长野县更级郡的冠着山上，后因良心不安而又将老母接回家中。这一代表性传说也因此让该山有了姨舍山的别名，意为弃母山，并成为弃老传说的代名词。② 日本作家深泽七郎（Shichirô Fukazawa）取材于日本民间弃老传说的小说《楢山小调考》描述了一个相对隔绝的群山之间的村庄前村的弃老文化，该村土地贫瘠，村民对食物的关注超乎一切，并且给基于食物紧缺而弃老的传统习俗蒙上文化的神秘面纱。③ 物资匮乏和粮食短缺使家庭养老能力在残酷的现实生活面前显得弱不禁风。④

对中国传统农业社会而言，弃老、杀老是社会处于失范状态时才会出现的暂时性现象，因此被当成维持敬老传统观念的反例。在湖北省武当山周边部分村落发现了大量古代用来寄放失去劳动能力的老人窑洞，让老人在洞中

① 陶涛、袁典琪、刘雯莉：《子女支持对城乡老年人养老服务购买意愿的影响——基于2018年中国老年社会追踪调查的分析》，《人口学刊》2021年第1期。

② 刘素桂：《日本弃老传说"姨舍山"考辨——以日本有关民俗研究成果为基础》，《北京社会科学》2016年第4期。

③ 林韶南：《弃老习俗下的亲情悲歌——谈〈楢山小调考〉的乡俗规约》，《贵阳学院学报》（社会科学版）2014年第6期。

④ 李珂玮：《"弃老"风俗在中日文学中的表现及成因——以〈爸爸爸〉与〈楢山节考〉为例》，《日本问题研究》2014年第3期。

自然饿死，称为“寄死窑”，也称“已死窑”。传说中华民国初年当地还有人被送进寄死窑而死。对寄死窑的理论解释，有死亡地说、古老久远说、生存法则说、灾年不得已说、野葬遗留物说等。[①]“寄死窑”在社会各界引发了对贱老习俗的广泛关注，在很大程度上冲击了我们惯有的思维方式。[②]但它也从另一个侧面反映着人类社会从野蛮到文明的发展进程。也有学者通过对孝文化的起源与弃老习俗的关系研究，认为由于人文教化不力，斯文扫地，孝道不举，弃老现象自古至今历代不绝。弃老与孝亲相伴相生，相反相成。[③]

人类学家的研究表明，在一些“原始的”土著中间，存在着为社会普遍接受的弃老、杀老现象。有人试图构建从弃老、杀老到敬老、养老的文化进化线路图[④]，但其中被掩盖的问题远比能解释的问题要多。我们至少应当意识到，敬老、养老不是人类社会的普遍现象，孝道也不是普世的道德准则。现代社会通过老年人权益保障法，和一些老年节日如“重阳节”对老人进行保护，“弃老传说”所传达出的敬老、爱老、扶老、助老的理念也应内化为社会普遍性道德训诫。[⑤]

（二）农村家庭养老、孝道、父权与长老统治

关于传统孝道的研究，总是与家长权在一起讨论。费孝通先生在《乡土中国》中对差序格局、教化权力以及“长老统治”的乡村权力结构进行了深刻的分析。[⑥]孝道对传统法律制度影响至深，古代法律制定以孝道为指导，厘定“利亲”“善事”“慎终”三个层次。法律运行以维护孝道为宗旨，出现“存留养亲”“宽容复仇”等各种屈法以伸伦理的制度和惯例。孝道对古代社会的秩序构建和人性磨砺发挥了至关重要的作用，直至清末法制改革方始解体。[⑦]

---

① 宫哲兵：《野蛮“弃老”俗的见证——武当山寄死窑》，《中南民族大学学报》（人文社会科学版）2007 年第 2 期。

② 陈淑卿、陈昌珠：《多学科视角下的古代贱老习俗——从湖北“寄死窑”谈起》，《民俗研究》2005 年第 4 期。

③ 穆光宗：《孝文化的起源与弃老习俗的关系》，《社会科学论坛》2010 年第 12 期。

④ 陈功：《我国养老方式研究》，北京大学出版社 2003 年版，第 83—93 页。

⑤ 刘素桂：《日本弃老传说“姨舍山”考辨——以日本有关民俗研究成果为基础》，《北京社会科学》2016 年第 4 期。

⑥ 费孝通：《乡土中国 生育制度》，北京大学出版社 2006 年版，第 48—53、64—69、187—200 页。

⑦ 龙大轩：《孝道：中国传统法律的核心价值》，《法学研究》2015 年第 3 期。

在以儒家文化为主导的传统社会中，代际关系表现出以老为贵或尊老文化的强烈纵向特征。孝道作为一种渗入国家意识形态深层的道德言说，成为个人处理家庭成员间关系、社会对个人进行评价的重要基础。可以说这种道德言说与乡村社会中的父权、长老权力互为表里，成为一个自我维持的系统。但这不过是农业社会道德体系的一个子系统，其自我维持要以乡村社会的自我维持为前提。当乡村社会的微观社会“生态”和成长于其上的国家“系统”均无法维持时，这个子系统能否延续便成了问题。

“孝”是处理亲子关系、巩固父权地位的道德观念与原则，是儒家宗法理论的核心。权威性孝道观念随时代推进逐步衰落[①]，但是，孝道的式微并非现代性的后果。战国期间，社会上就形成了一股破旧宗法、家长宗子把头藩篱的社会潮流，不孝之事甚多，秦则更不注重孝道。虽说旧父权家长余威仍在，但旧的道德教条已失去维系人心、维护父家长权威的神圣力量。其时社会大势乃是旧道的沦丧，现实中正如生当战国之末的韩非所说：“孝子爱亲百数之一也。”当然，希望有孝子，仍是人们通常的社会心理。[②]

（三）社会变迁中的农村家庭养老

对近十年有关农村养老的文献研究发现农村养老的关键词共现图谱大致分为两条演进路径，学界研究热点关键词是人口老龄化、养老模式、养老保险、养老服务，总体以农村养老—农村—养老模式—家庭养老—人口老龄化—养老服务—农村养老服务为主要演进路径；“养老服务”“养老方式”“农村互助养老”和“乡村振兴”等是近年来与农村养老问题研究相匹配的热词。[③]

改革开放以来，农村养老经历了新型家庭养老到社会养老的转型，实现了养老主体的多元化，但社会转型对农村养老也产生巨大冲击，导致农村养老面临养老服务非均衡发展、养老需求骤增、养老的价值理性削弱等现实困境。[④] 人们看到，家庭养老制度在急剧的社会转型中正在迅速失去原有的文化

---

① 陈滔、卿石松：《中国孝道观念的代际传递效应》，《人口与经济》2019 年第 2 期。

② 张金光：《关于秦的父权、家长权、夫权与妇女地位》，《山东大学学报》（哲学社会科学版）1988 年第 3 期。

③ 陈浩天、李玲睿：《近十年来中国农村养老服务的研究趋向与价值前瞻——基于 Cite Space 知识图谱的可视化分析》，《西北人口》2021 年第 5 期。

④ 连芙蓉、贾涵颀：《社会转型中农村养老方式的历史演进与现实困境》，《兰州大学学报》（社会科学版）2021 年第 4 期。

支持，[①] 而这种变化在微观层面看主要表现为家庭关系的“理性化”[②]。人类学家的研究展示了更为丰富的内容。

阎云翔从制度环境的改变出发，深入地分析了国家权力下沉、社区内部分裂、个人经济理性与权力意识增长等诸多因素对家庭关系的影响。他指出，在恢复农村家庭作为生产单位之功能的同时，具有市场经济取向的农村经济改革也鼓励了个人财产观念的发展。积累家庭财产的新方式使得年轻一代具有更强烈的个人权力观念并促使他们要求提前分家。以“净身出户”为特点的系列分家模式让提前分家变得十分容易，但与此同时它又将新建立的核心家庭置于十分脆弱的位置。核心家庭的脆弱性导致了母家庭与子家庭之间以及数个子家庭之间的相互依附与紧密合作，从而形成了一种松散但又持久的“网络家庭”。越来越多的村民将提前分家视为解决家庭问题的良方而非家庭政治中的危机或伦理上的失败。有些父母甚至主动安排已婚儿子分家单过。总之，新的现实触发了新的家庭伦理观念，而这些新观念又反过来重塑人们处理家庭关系时的行为模式——“单过”。[③]

郭于华也深入分析了家庭代际交换的变异过程。她认为，传统社会中的代际传承和亲子间的互动依循着一种交换原则，它所包含的既有物质、经济的有形交换也有情感和象征方面的无形交换；其公正性在于每一个体在一生中的付出与他所得报偿基本相衡。代际交换关系的维系在于传统家庭中的男性长辈的权力、权威，也在于宗族制度和与之配合的道德伦理规范，同时作为国家正统意识形态的儒家思想更是为这一运作于乡土社会的规则提供了合法性与正统观念的基础。

郭于华通过案例研究发现，家庭中的权力关系在代际和性别两个层面都已发生了转变，作为长辈的老人因这一转变随着自然生理的衰败日益退到家庭生活的边缘甚至外面。非正式的亲缘群体如宗族组织已不复存在，相应的道德约束和社会评价力量趋于消解，对于失范者的制约和处罚力量业已丧失。[④]

---

① 唐灿：《中国城乡社会家庭结构与功能的变迁》，《浙江学刊》2005年第2期。

② 杨善华、侯红蕊：《血缘、姻缘、亲情与利益——现阶段中国农村社会中“差序格局”的“理性化”趋势》，《宁夏社会科学》1999年第6期。

③ ［美］阎云翔：《私人生活的变革：一个中国村庄里的爱情、家庭与亲密关系（1949—1999）》，龚小夏译，上海书店出版社2006年版，第165—167页。

④ 郭于华：《代际关系中的公平逻辑及其变迁——对河北农村养老模式的分析》，《中国学术》2001年第4期。

女性家庭权力的提高，会提升父母的养老质量，但也可能造成公婆养老质量的下降。[①]

（四）养老中的隐性契约和对“反哺”模式的再认识

贝克尔（Gary S Becker）在他的《家庭论》中指出，如果能指定孩子来照料老人，那么，资本受约束的父母就会减少其生命周期的储蓄率来筹措对孩子的支出。在很多社会里，低或中低等收入的父母年老时都能得到孩子的赡养而不是年轻时积累的黄金、珠宝、地毯、土地、房屋或其他资产。他的分析表明，由于父母对孩子投资的收益率高于其他资产投资的收益率，所以这些父母都选择孩子而不选择其他资产作靠山。实际上，中低等收入的父母和孩子之间往往有一种隐含的契约——父母对孩子进行投资，孩子以赡养年迈的父母作为回报。这种契约不全靠社会制裁来执行。如果对孩子的投资能产生较高的收益，那么收益的一部分就由孩子提供已成为对老年生活的一种保险。这样，父母和孩子都能靠这种契约生活得更好些。贝克尔还指出家庭组织中的利他主义要多于其他组织中的利他主义，如果利己主义的家庭成员一如既往地利己下去，利他主义的家庭成员花费在利己主义家庭成员上的时间和资源将会不断减少。[②]

贝克尔的研究指出了以血缘关系为基础的家庭养老中的理性基础，而且区别了不同经济水平下父母选择养老方式的不同。费孝通先生对中西方家庭进行比较研究时，指出二者在继替模式上差异：中国传统家庭的“反哺”模式和西方现代家庭的“接力”模式。[③] 这种差异可以解释为社会文化的差异，也可以解释为经济水平的差异。功能主义解释和理性经济人的解释不谋而合。

基于文献研究，农村养老无疑存在制度的不充分和实践中养老行为的不如人意。家庭中利己主义的存在和人们对“养儿防老”的坚持构成在现实养老中的冲突，养老制度化、社会化有待进一步加深。几乎没有研究认为，在现代化背景下，老年于个体而言具有何种优势，如何从传统文化、人道主义、

---

① 薛天山、李巧敏：《父母与公婆之间的权衡：农村女性家庭权力与养老资源的分配》，《南方人口》2021 年第 1 期。

② ［美］加里·斯坦利·贝克尔：《家庭论》，王献生、王宇译，商务印书馆 1998 年版，第 30 页。

③ 费孝通：《家庭结构变动中的老年赡养问题——再论中国家庭结构的变动》，《北京大学学报》（哲学社会科学版）1983 年第 3 期。

制度关怀等方面保护老年的脆弱性，成为研究致力的目标。

米德（Margaret Mead）在关于代沟问题研究中的一段话可以为如今的代际关系注脚："即使在不久以前，老一代仍然可以毫无愧色地训斥年轻一代：'你应该明白，在这个世界上，我曾年轻过，而你却未老过。'"但是，现在的年轻一代却能够理直气壮地回答："在今天这个世界上，我是年轻的，而你却从未年轻过，并且永远不可能再年轻。"①

① ［美］玛格丽特·米德：《文化与承诺：一项关于代沟问题的研究》，周晓虹、周怡译，河北人民出版社1987年版，第74页。

第一章　调查地经济社会状况

“一方水土养一方人”，当地人自豪地称魏村所处的内蒙古五原县为“塞外江南”。农业是五原县，也是魏村的支柱产业。“无农不稳、无工不富”，五原县至今也没有大型工业，所以，这里的经济从来没有出现跳跃式发展，而在20世纪30—60年代，这里的人也基本吃得上饭。农业让当地人没有“极贫”的经历；由于无工业、无资源，当地人也没体会过什么叫“极富”。人们生活虽不富裕，但基本上丰衣足食、安居乐业。经济上无大起大落，造就了这一地区人口较“无为”和“平和”的心态。

第一节　五原县整体情况

一　地理、气候状况

“黄河百害，唯富河套”。五原县位于河套平原，是典型的农业县。该地区属于中温带大陆性气候，日照充足、干燥多风、降雨量适中，地表水资源充足。历史上河套平原一直是北方重要的农垦地区。现在，这一地区仍然是我国西北地区重要的粮食产区。但即使灌溉能够保证，农业丰收还要仰仗“风调雨顺”的天气。老百姓常说“老天爷让你吃你才能吃得上”，最近20年，魏村一直是“老天爷给饭吃”的地方，几乎没有受到冰雹袭击，偶有大风暴雨侵袭，影响产量，但近些年各级政府补贴帮助农民购买土地种植保险，一旦发生自然灾害可以得到每亩地200元的赔偿，极大增加了农民的安全感。

二 人口状况

根据第七次人口普查数据，五原县常住人口为 224809 人，男性人口占比 50.89%，女性人口占比 49.11%，年龄结构中 0—14 岁占比 12.84%，15—59 岁占比 64.22%，60 岁以上占比 22.94%，65 岁以上占比 15.8%。据该县县志记载，五原县人民平均寿命 1949 年为 57 岁，1986 年后为 70 岁。[①]

受城市化和生育率的影响，五原县的人口数与 40 年前几乎相等。1982 年全国第三次人口普查时，五原县共有 227726 人。但 2000 年第五次人口普查，全县总人口为 274188 人，第六次人口普查五原县人口为 260480 人。进入 21 世纪，我国由城镇化在向城市化转型，小城镇人口向大城市迁移，五原县人口缩减。同样，魏村的常住人口也在减少。

三 农村社会养老状况

五原县农村社会化养老程度较低。1979 年后，全县各乡社对五保户采取多种形式的抚养，如办敬老院；提供供养费或拨给责任田由亲友代耕等。[②] 现"五保""低保"合并，在 20 世纪 90 年代末到 21 世纪初，魏村还有邻里代养的五保户，现在已经没有了。

1994 年，五原县开始推行农村社会养老保险，每人投保 100 元，到 1995 年共有 3083 人参保；1997 年，五原县民政部门推广农村社会养老保险，每人投保 200 元，共有 800 人参保。2007 年，以上农村养老保险均宣布失败，并将投保金额加利息退还给参保农民。2007 年，五原县针对部分失地农民推行了养老保险，共有 30 多人投保，农民对家庭养老依赖程度高。随着居民生活水平的提高和农村土地改革，人们对保险有了较理性的认识。"新农合""新农保"制度实施后，农民感受到新型社会保险的实惠。如今，城乡居民基本养老保险的参保率非常高。五原县的社会养老保险经历了从参保人数少到"争抢着"参保的过程。但是，魏村现年 70 岁以上的老人，并未参加社会或商业养老保险，他们只有基础养老金。2020 年，五原县的基础养老金标准为：60—69 周岁每人每月 128 元，70—79 周岁每人每月 138 元，80 周岁及以上每

① 《五原县志》编纂委员会：《五原县志》，内蒙古人民出版社 1996 年版，第 152 页。
② 《五原县志》编纂委员会：《五原县志》，内蒙古人民出版社 1996 年版，第 548 页。

人每月 148 元。

第二节　五原县农村和农业的基本情况

一　移民社会

五原县境域因受黄河迁流冲击之故，古老村庄不易存在，1840 年，黄河主道南移之后，出现了人们固定居住的零星村落。在清末贻谷放垦之后，移民大量涌入，开始形成小型农业村落。每个村落通常以第一个定居下来的人命名。魏村的村史可以追溯到 19 世纪末，村庄中的居民大多是移民的后代。

五原县农村家庭经济状况的变化可以从居住条件的变化中充分反映出来。清代至中华民国年间，村落的居民住宅多为一门一窗的土木结构茅草房舍。因地广人稀，房宅基地选择各随其便，东一家，西一户，住宅分散。距村落路远的土地，采用移宅耕法，春耕时农户在地头用草坯盖简易茅庵，秋收后，将茅庵封门闭锁，载粮而归。新中国成立前，普通农民家庭的几乎没有多少家庭剩余，多居住于土坯房；地主富户则建有四合院，有厢房、磨坊、伙房、仓房等，魏村没有这样的大户人家院落。人民公社化以后，村社集体建设了一批土木结构的房舍。但直到 1970 年代，村民的住宅仍以土房居多，贫困户仍用草坯、土坯建房。1970 年代以后，各村新建房屋增加，建筑结构开始以土木结构为主，安装玻璃窗户；房屋面积也相应增加，多为一进两开，或里外间；另建有库房，并筑起低矮的土墙，构成院落。低矮的房舍在这一时期逐渐被淘汰。

“家庭联产承包责任制”为魏村的经济发展做出巨大贡献，魏村作为以农业生产为主的村落，人少地多，在 20 世纪 90 年代初，属于五原县比较富裕的村落。由于生产成为个人和家户的事，因此造就了经济的多元化发展。“家庭联产承包责任制”后，村民的生计决策再也不是过去的被动状态，和很多农村一样，可以视“有利可图”的程度进行选择。[①] 从总的趋势看，经济已从过去的纯农业专向多种经营。

① 王铭铭、［英］王斯福：《乡土社会的秩序、公正与权威》，中国政法大学出版社 1997 年版，第 75—76 页。

1980年代初期，村庄内部明显出现了经济分化，富裕户开始兴建砖木结构的平顶房屋。1990年代，新建的住房多为起脊全砖木结构住房。2000年以来，农村开始流行浇筑混凝土顶房，低矮的土墙也翻修成较高的砖墙。2014年之后，内蒙古进行“十个全覆盖”，以道路硬化、村庄美化、公共设施提供等方式推进城乡一体化建设，五原县财政因此工程遇到了巨大的财政压力，但是，魏村是此项工程的受益村庄。2015年，魏村有了村民活动室，道路两边杨柳低垂，2019年，对旱厕进行改造，农民也用上了干净的冲水厕所。

二　农业生产的变迁

五原县经济一直以农业为主，不同时代的种植结构变化很大。家庭联产承包责任制之前，小麦一直是该地区的主要种植项目之一。1982年，小麦总播种面积略有下降，到2000年以后继续下降。在20世纪90年代之前，糜黍的种植面积一直很大。家庭联产承包责任制之后，糜黍的种植面积开始逐年减少。1958年后，五原县大量种植甜菜，被列入“全国重点甜菜生产基地”之一，种植面积在3万—5万亩之间。进入20世纪90年代，经济作物种植面积增长，起初套种较多，机械化尚未实现，需要大量劳动力投入，家庭中，父子两代之间的合作也因此形成。现在，农民种植番茄、向日葵等经济作物，粮食作物以玉米为主，农业现代化解放了大量劳动力。过去的农民，除了冬季，几乎天天在地头忙，现在只在春种和秋收时较忙。

从整体上看，五原县农业种植结构在家庭联产承包责任制以后，主要靠市场调节，而集体化时代主要受国家政策的影响，但不同时代农业生产技术的影响也不容忽视。新中国成立前，该地区大面积种植小麦、糜黍、籽瓜，除满足家庭消费外，其余部分均供应市场，其中糜黍加工后的炒米主要供应牧区。集体化时代，国家希望提高粮食的总产量来满足城市人口的基本需求，小麦、糜黍被保留下来，作为非粮食作物的籽瓜被取消种植。当地也曾经大面积推广亩产量相对较高的玉米，但当地的自然气候条件不适合玉米的种植，而当时的种植技术未能解决这一难题，因此玉米的种植面积有大幅的波动。期间推广的甜菜适合当地的条件，种植面积稳定，但以甜菜为原料生产出的砂糖由国家控制，主要供给城市。20世纪80年代市场逐步放开后，一系列新的农业技术开始推广。结果，小麦、玉米、葵花、籽瓜的单产量因新品种、新技术（玉米、葵花覆膜，套种）和化肥的普遍使用而大幅提高，加之市场行情好，被大面积种植。与此相反的是，糜黍单产量依然保持在以前的水平，市场需求有限、价格低，最终在 20 世纪 90 年代末期被淘汰。种植一种或几种盈利的作物，这是农业研究的标准，也是多数农民共同的目标。① 农民种植的甜菜主要供应当地的糖厂，由于这个小型国有企业经营不善，拖欠农民的货款严重，因此，农民种植积极性降低，糖厂也随之倒闭。水稻适合当地的自然气候条件、单产也高，但由于灌溉用水量大而加速了土地盐碱化，最后被当地政府明令禁止种植。

除了新品种、化肥、覆膜、套种之外，农业技术的变化还体现在农业机械的应用上。有研究将农村的贫困分为两大类：一是因为天然和地理环境所造成的贫困地区，包括土地贫瘠、天气恶劣、灾害频繁、交通不便，因而使耕种困难。二是一些劳动力不足的家庭，其原因包括年老、疾病及死亡、子女年幼等。② 五原县一直属于“黄河的眷顾地”，而在农村劳动力减少的过程中，基本实现了农业的机械化。因而，这里的农村基本能够丰衣足食，符合儒家文化的“小康”生活。20 世纪 80 年代以前，农民主要靠人力和畜力进行农业生产。80 年代初，农民开始使用手扶拖拉机，到 90 年代中期，四轮拖拉机已经普及。2000 年前后，五原县包括魏村在内的农业生产基本上不再使用畜力。现在，人们除了使用拖拉机之外，还使用耕种不同农作物的点播机、播种机，收获时同样有收割机等农业机械代替人力劳动。1979 年起，五原县在农村推行家庭联产承包责任制，并在生产队实行包产到户的试点。到 1981 年，全县所有生产队均普遍实行了包产到户的家庭联产承包责任制，生产经营以户为单位，农民有充分自主权。自此以后，农民家庭收入连年提高。1980 年，全县农民人均年纯收入为 66 元，1982 年为 243 元，1986 年为 424 元，1994 年为 1231 元。③ 进入 21 世纪，农民收入水平进一步提高，2004 年人均年纯收入达到 3441 元，2007 年突破 4000 元。2020 年，农村居民人均可支配收入为 21658 元。④

---

① ［美］詹姆斯·C. 斯科特：《国家的视角：那些试图改善人类状况的项目是如何失败的》，王晓毅译，社会科学文献出版社 2004 年版，第 410 页。

② 梁祖彬：《权威与仁慈》，中文大学出版社 1996 年版，第 116 页。

③ 《五原县志》编纂委员会：《五原县志》，内蒙古人民出版社 1996 年版，第 752 页。

④ 参见 http://www. wuyuan. gov. cn/information/wuyuan7283/msg2242636416892. html. 2021 年 3 月 10 日。

三　魏村的基本情况

魏村距离县城，即县政府所在地隆兴昌镇五六公里，村里新成立的家庭几乎都到县城买房居住。有的年轻人通过读书在县城就业，有的在城镇做自雇佣或者务工经商。因村庄与县城较近，他们农忙时依然回村庄春耕秋收，而农村的老人还过着传统“农历坐标下的生活”[①]。

目前村庄总户数96户，255人，但固定居住的只有128人，村庄老龄化显著，60—69岁老人有24人，70—79岁25人，80岁以上3人，老年人口共52人，老龄化20.4%。按照固定居住人口计算，村庄41%的人口为老年人。魏村一半以上的住户姓魏，是本家，但他们并没有形成利益集团。村民常说“亲戚不共事，共事起争议”。

传统魏村的养老以家庭养老为主，“老人自养”也建立在父子两代合作的基础上。战争、灾害等原因使得新中国成立伊始我国人口的平均寿命不到40岁。寿命能够活到老年的极少数人，六十花甲，活了一轮；七十古稀，是少有的寿命。过去在三代人、四代人的家庭结构体系里，魏村老年人基本能够得到充分的照顾。即便核心家庭增多后，家人也不会丢下老年人令他孤独终老。能活到老年的人数极少，那些能够活到老年的人常常作为传统、知识和历史的维护者，具有特殊的作用。一直到死，他们往往维持着一家之长的地位和权威。[②] 因为老年人能够受到尊敬，村里甚至出现老人比较年龄大小的情况，年龄大的男性长辈获得长老统治的权力，人口学家称为“岁数累积”。今尊卑不在年龄上，长幼成为没有意义的比较，见面也不再问贵庚了——这种社会离乡土性也远了。[③] 在变化很少的社会里，文化是稳定的。文化不稳定，传统的办法并不足以应付当前的问题时，在亲子关系里表现最明显的教化权力必然跟着缩小。在社会变迁的过程中，人并不能靠经验作指导。能依赖的是超出于个别情境的原则，而能形成原则、应用原则的却不一定是长者。这种能力和年龄的关系不大，重要的是智力和专业，还有一点机会。[④] 如今由于信息与传播技术（始于印刷术并扩展到互联网）的发达，老年人不再独享对

---

① 徐平：《文化的适应与变迁——四川羌村调查》，上海人民出版社2006年版，第17页。

② ［美］阿图·葛文德：《最好的告别》，彭小华译，浙江人民出版社2015年版，第17—18页。

③ 费孝通：《乡土中国 乡土重建》，群言出版社2016年版，第77页。

④ 费孝通：《乡土中国 乡土重建》，群言出版社2016年版，第75—77页。

知识和智慧的掌握，反而落后了，他们的地位也动摇了。曾几何时，我们会向一个老前辈求教如何认知世界。今天，我们求助于网络信息，如果不懂设备的使用，会求助网络达人而不是老人，遭遇“技术风险”[①] 的魏村的老人，如今也在学习智能手机的使用，以免被时代落得太远。

对于婚姻，2000 年之前，离婚被认为是伤风败俗之事，村庄里的离婚率非常低，偶有一两家离婚案例，总会引起舆情并持续一阵子。但是 2000 年之后，尤其 2010 年之后，村庄的离婚率陡增。中青年的家庭在老人们不解的原因中解体，离婚率的增加也给老年家庭带来一定负担，如代养孙辈，或照顾又重新回到一个家庭的子女，但离婚也从一个侧面表明人们对横向的婚姻关系和婚姻质量的重视。

与周围的村庄相比，魏村属于相对富裕的农村，除人均有七八亩分配的土地之外，多数家庭还额外开垦几亩甚至更多土地。农民还进行养殖来提高收入。首先，肉、蛋类基本自给；有几户做养殖业的人家，家畜最多的养殖户有 100 多头猪，200 多只羊。也有一些老年农户力所能及养一两头牛、几头猪补贴家用。养殖也是很有风险的，比如自己养的猪，杀了之后零散卖给其他农民，用农民自己的话说是挣一些辛苦钱，但是养猪是不是可以赚钱，要看肉价和饲料的价格哪个涨得快，所以除了养殖户外，大部分农民的养殖是自给自足的，他们不需要向市场卖，这和费先生调查的禄村还是一样的。[②] 魏村几乎没有特困户，人们过着相对殷实的生活，历来是乞丐要饭的目标村落之一。虽然固定在村里居住的人口中老年人居多，但因为村庄距离县城比较近，所以并没有形成留守村庄特征。居住在县城里的年轻人、上学的孩子依然会在周末或节假日回到村庄。

但是，魏村作为距离县城比较近的村庄受到工业化的危害，比如工业废水直接排入魏村的排水干渠中，造成排干两边的土地产量下降；还有早期建起的纸厂、硅铁厂、亚纳厂、化肥厂以及后期在村边建起的电厂等严重污染了环境。已经有很多农民意识到这些工厂所带来的危害，但因为工厂距离魏村不远，农闲之余，为农民提供了工作上的方便，因此，农民对此态度比较

① ［德］乌尔里希·贝克：《风险社会》，张文杰、何博闻译，译林出版社 2004 年版，第 17 页。

② 费孝通：《禄村农田》，载费孝通、张之毅《云南三村》，社会科学文献出版社 2006 年版，第 148 页。

矛盾，这些年政府对环保有了新要求，污染相对降低。

魏村周边农村已经开始土地流转，农民以每亩土地 700 元左右的价格租给公司。2020 年，魏村与一个意向公司谈判失败，农民要每亩 800 块钱流转金，公司只愿意付 700 元，双方没有达成协议。多数农民有土地流转意愿，土地流转似乎是迟早的事情，老人更愿意土地流转。这样，假设每位老人拥有 10 亩土地，流转金可以有 7000—8000 元，加上基础养老金，每年有上万元的收入。生病有城乡居民医疗保险可以报销一部分费用，日常开销农家自产较多，因此，只要土地政策稳定，老人基本可以得到老年经济保障。

此外，随着教育均衡化的发展和乡村振兴，村里人即使居住在县城，若没有绝对稳定的工作和收入保障，一般不轻易改变户籍，土地依然是农民心中最稳定的因素，这种现实和观念的交叉，有利于乡村振兴。魏村也因为与县城近，村庄接受的文化、价值观多元，人们的工作、收入也相对多元，这些其实也是引起婚姻家庭变化和养老观念变化的重要因素。

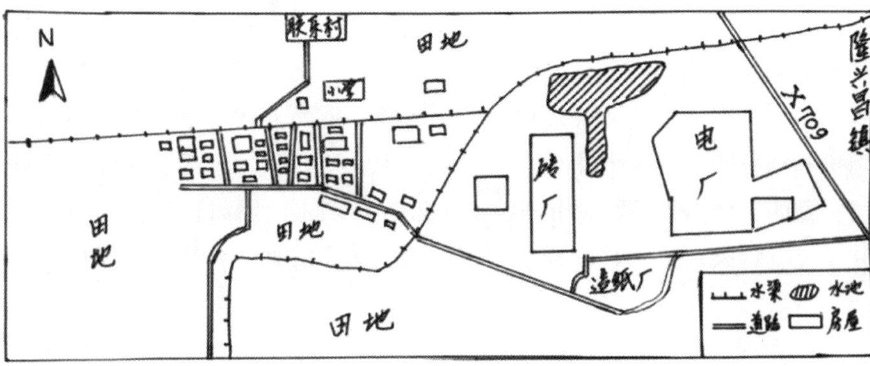

图 1－1　魏村地理位置图

第二章　2010年之前魏村家庭结构的变迁

2010年之后，魏村的家庭结构基本稳定下来，而且呈现出新的局面，家庭独子情况多，居住和生活上离而不分的情况较多。此外，2010年之后子女结婚的家庭，父母基本没有或者刚刚进入老年，家庭还不存在大的养老问题。20世纪90年代到2010年之前，是魏村家庭结构变化最大的20年。

第一节　直系家庭与老年空巢家庭的概念

一　家庭结构与空巢家庭、直系家庭

家庭结构指家庭的组成方式，即家庭由哪一种或哪几种关系组成。[①] 家庭结构按其家庭成员间的不同组合可分为多种类型[②]，如核心家庭、直系家庭、联合家庭、残缺家庭、单人家庭等。魏村与老人直接相关的家庭结构类型有以下几种：

1. 老年空巢家庭。按照家庭生命周期理论，子女离家居住、家中再没有其他亲属的家庭即为空巢家庭。[③] 如果父母进入老年阶段，这种家庭便成为老

---

① 杨善华：《家庭社会学》，高等教育出版社2006年版，第5页。

② 美国两位精神病专家对芝加哥的一个黑人贫民区进行调研，发现竟有86种成人间的结合关系。见潘允康《家庭社会学》，中国审计出版社、中国社会出版社2002年版，第10页。

③ 穆光宗将空巢家庭分为两类，一类是纯空巢家庭，包括单身空巢家庭和配偶空巢家庭；另一类是类空巢家庭，指子女虽然不在身边但其他亲属在身边的情况。见穆光宗《家庭空巢化过程中的养老问题》，《南方人口》2002年第1期。

年空巢家庭（如图 2－1）。[①] 按空巢家庭内部的成员状况可分为一人空巢家庭和夫妇空巢家庭；从与子代（家庭）间关系的角度考察，可分为“既分又离”和“分而未离”两种情况。

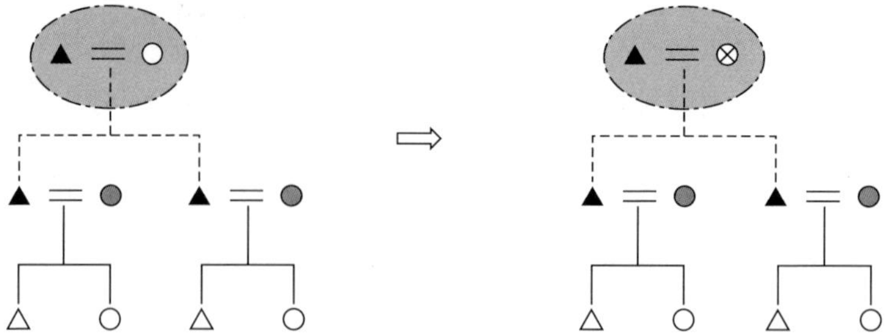

图 2－1　老年空巢家庭

注：▲为男性户主；▲＝＝○代表以夫权为中心的夫妻关系；▲＝＝●代表平权的夫妻关系。下同。

2. 直系家庭（又称为主干家庭）。研究者普遍将老人和一对子代夫妇及其子女组成的家庭称为直系家庭。直系家庭可分为两代直系家庭、三代直系家庭、隔代直系家庭，均含夫妇一方去世或已解除婚姻关系的情况（如图 2－2）。

3. 老年核心家庭，指老年人同未婚子女组成残损核心家庭的情况。

4. 老年单人家庭，即无子女、无配偶的老人家庭。

后两种情况极为少见，故本书主要关注前两种情况。

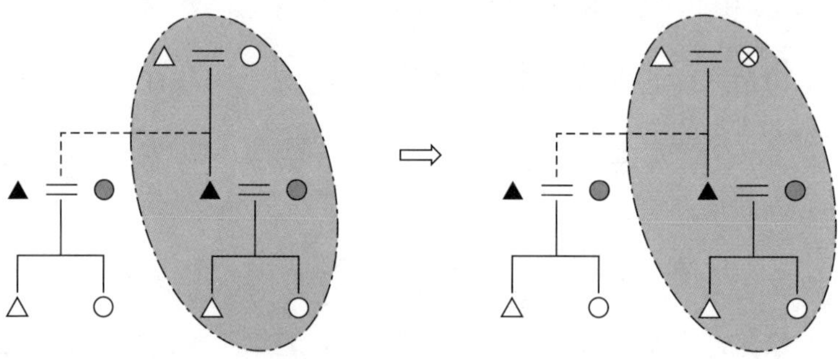

图 2－2　三代直系家庭

需要说明的是，研究判断老人所属的家庭关系时主要依据社区中公认的“户”的标准，即老年人相对于子代的经济与社会关系的独立状态。如果老年人没有独立的财产，和子代家庭“合灶”吃饭，即“共火”就应当属于直系

① 在很多情况下，家庭进入空巢期时，父母尚未步入老年，还有正常的劳动能力。

家庭。子代们都出嫁或娶妻后分家另过，拥有了各自的财产和独立发展社会关系网络的资格（如在婚丧嫁娶的活动中和老人随不同的礼金），他们的父母便生活在空巢家庭里了。老人要么属于子代家庭，要么独立生活，因此空巢家庭和直系家庭是互斥的，前者对后者具有替代作用。

二　农村老年空巢家庭的特点

空巢家庭的概念是基于对现代西方城市家庭的观察：由于工作的流动性，父代、子代（家庭）通常分居两地；对个人隐私、经济独立观念的推崇，子代（家庭）通常要从父代家庭中分裂出来。[①] 在这种"既分（经济、社会关系）又离（居住）"的状态中，家庭关系对老人社会支持的功能被弱化；同时，养老保障体系开始成为这类家庭的供养主体。但中国农村老年空巢家庭显然具有自己的特点：

1. 农村家庭中的子代除了通过教育、服兵役、务工、经商等途径在城市中立足外，大多在家乡成家立业（这里主要指儿子）。在他们成年后有了一定农业之外收入的情况下，也不会从家庭中独立出来。只有在结婚后，他们才可以带着一个小家庭从父代家庭中分离出去。

2. 分家后，他们仍然和父母生活在同一个村庄里，还可能生活在同一个院子中、同一栋房子里。除了日常的交流外，两代家庭还会进行经济上的合作。因此，父代、子代间"分而不离"才是农村空巢家庭目前的一般状态。[②] 也有一种状态是"离而不分"，比如 2000 年，尤其是 2010 年之后魏村结婚的小家庭，他们大多数都在县城里有住房，日常居住和父母处于分离状态。但这一时期结婚的儿子，是独子的情况较多，家庭经济就不像多子那样分得清楚。他们和父代之间也有口头对田地分割的协议，但出于父代对子代家庭成长的帮助，老人愿意多付出一些；也有老人认为在为儿子打工。

3. 城市老年空巢家庭依赖外部化供养主体，农村老年家庭更加注重对家庭内部资源的集聚和利用。前者是社会养老，后者是自我养老。

如今，社会养老也在农村发生。魏村发生了养老中的雇用关系，周边农

① 穆光中：《挑战孤独 空巢家庭》，河北人民出版社 2002 年版，第 1—2 页。

② 潘允康：《试论中国核心家庭和西方核心家庭的异同》，《天津社会科学》1985 年第 2 期；赵为：《"分而不离"核心家庭——当代老年人期望的家庭模式》，《老年学杂志》1988 年第 4 期。

村也有将老人送到养老院养老，老人们甚至开始谈论分析养老院养老的利弊。城乡居民养老保险制度普及后，农民也有了“政府给的养老钱”，农村养老的供给主体正在由一元向多元转变。

第二节 直系家庭的衰落和老年空巢家庭的普及

根据人口学家和历史学家的研究成果，我国农村家庭的主导模式自 1949 年以来呈现出剧烈的核心化趋势，核心家庭成为农村主要的家庭结构形态。① 王跃生对冀南农村的研究认为，在土地改革后的集体经济时代，联合家庭纷纷瓦解，直系家庭的数量和比例开始减少；家庭联产承包责任制实施以后，复合家庭逐渐成为短暂的过渡形态，但 2000 年的直系家庭占调查地全部家庭数量的比例均在 20% 左右，个别村庄与 1966 年相比略有回升，单人家庭比例相对平稳。② 虽然他的统计未能分离出老年空巢家庭，但我们仍然可以以直系家庭的比例推断：20 世纪 70 年代末到 2000 年间，冀南地区老人在家庭中终老仍然是普遍的现象，同时，有子女但独立生活的老人还不是普遍现象。③ 魏村在 2000 年左右家庭核心化的特征也变得明显：家庭规模缩小，家庭成员数量减少；核心家庭占绝对多数，总体家庭结构简单且单一。同时，魏村 2000 年以来的家庭结构也有一些新的现象。

从整个村庄的情况看，直系家庭基本上由父代和幼子或独子的家庭组成，个别情况为和女儿组成的家庭或和其他儿子组成的家庭。因此，如果幼子或独子结婚后不分家另过，那么他们的结婚时间可视为新的直系家庭产生的时间。对魏村的调查发现，在 20 世纪 70 年代只要有幼子、独子结婚，父母就会和幼子、独子夫妇形成一个直系家庭。那时候老人都由儿子养，没有子女的都归为五保户。从 20 世纪 80 年代开始，个别多子父母选择与所有儿子分

---

① 郭志刚：《当代中国人口发展与家庭户的变迁》，中国人民大学出版社 1995 年版，第 30—33 页。

② 王跃生：《华北农村家庭结构变动研究——立足于冀南地区的分析》，《中国社会科学》2003 年第 4 期。他对 1982 年、1990 年、2000 年三次人口普查数据的分析进一步验证了自己的观点，见王跃生《当代中国家庭结构变动分析》，《中国社会科学》2006 年第 1 期。

③ 1998 年阎云翔在黑龙江省下岬村的田野调查结果也表明了当时直系家庭数量平稳的特征。见［美］阎云翔《私人生活的变革：一个中国村庄里的爱情、家庭与亲密关系（1949—1999）》，龚小夏译，上海书店出版社 2006 年版，第 184—189 页。

家另过的生活方式。20 世纪 90 年代，仍有少量父母与子代家庭组成直系家庭。2000 年以后，只有极少数的直系家庭出现，独子和父母分家另过、自立门户成为普遍现象。在一般的情况下，空巢家庭和直系家庭是互斥的。如果幼子或独子结婚后分家（间隔时间不长），那么他们分家的时间就是空巢家庭产生的时间。[①] 新产生的直系家庭的减少，意味着空巢家庭的增加。因此，可以初步得出以下结论：在 40 年间，魏村的直系家庭由普遍状态变成一种例外，呈衰落的趋势；“空巢”家庭自 80 年代初开始出现，2000 年以后，成为老人生活的普遍状态。

下面是魏村改革开放到 2010 年老人和子女的居住情况、70 岁以上老年人口的养老情况以及当时老人为老年生活所做的准备情况。

表 2－1　魏村 20 世纪 70 年代到 90 年代老人的居住情况

老人姓名	死亡时间及寿命	儿女数量	居住情况	结婚年代*
高 HM/老伴	1974，64；1961，51	2/2	和幼子生活	70 年代
董 BS/老伴	1992，70；1970，46	2/2	和幼子生活	70 年代
蔚 LH/老伴	1995，80；1996，78	3/2	和幼子生活	70 年代
吕 LH/老伴	1997，81；1958，38	2/3	和幼子生活	70 年代
李 LH/老伴	1999，83；1963，45	1/1	与独子生活	70 年代
高 DB/老伴**	1985，70；2003，85	3/3	和幼子生活	70 年代
李 MG***	1996，68	3/4	独住不分家	80 年代
莫 R/老伴	1980，50；1994，70	5/1	和四子生活	80 年代
魏 SD/老伴	1990，73；1960，41	3/3	和幼子生活	80 年代
蔺 Z****	1993，72；2006，84	6/2	独住	80 年代
魏 SSB***	2002，70	4/1	和幼子生活	90 年代

注：* 指幼子或独子的结婚年代。** 老太太在女儿家终老。*** 老伴健在。**** 老太太在丈夫死后先在女儿家生活，最后在四子家终老。

① 这里忽略了女儿出嫁的时间。幼子或独子结婚与父母分家另过决定了其父母终究要形成“空巢”家庭，未婚姐妹的存在只是推迟了空巢家庭的出现时间，并没改变这个结果。

表 2-2 魏村 70 岁以上老人的基本生活状况（2007 年）

老人姓名	年龄	财产占有状况	儿女数量	居住情况	结婚时间*
高 S	86 岁	土房 1 间**	3/ -	独住	1980 年
刘 F	77 岁	每月 60 元复员军人生活补贴	2/4	与幼子生活	1982 年
余 XY	86 岁	土地 2 亩，砖房 2 间	5/2	独住	1983 年
魏 D	82 岁		3/5	轮火头	1984 年
宋 ER	73 岁	砖房 2 间	4/3	独住	1995 年
李 Z	73 岁		3/4	与幼子生活	1985 年
高 L/老伴	83/71 岁	土地 4 亩，半砖房 2 间	2/4	独住	1989 年
魏 E/老伴	73/63 岁	土地 4 亩，偏房 2 间	3/3	独住	1990 年
郝 BR	75 岁	土房 1 间	3/5	独住	1996 年
魏 XS	76 岁	砖房 1 间	4/1	独住	1997 年
李 ZN	72 岁		1/1	与离婚独子生活	
乔 Z	85 岁	与未婚儿子共同拥有土地 20 亩，砖房 1 套	5/5	与未娶三子同住	2006 年

注：* 指幼子或独子的结婚时间。** 二儿子看到父亲生活凄苦，便给他一亩地耕种，在老人无法下地劳动后，儿子将土地收回。

表 2-3 魏村 60 岁以上老人的基本生活状况（2010 年）

老人姓名	年龄	财产占有状况	儿女数量	居住情况	结婚时间*	分家时间*
魏 B/老伴	64/60 岁	土地 9 亩，砖房 1 套	1/2	独住**	1995 年	1996 年
高 H/老伴	61/60 岁	土地 27 亩，土房 2 间	3/1	独住	1998 年	1998 年
高 G/老伴	64/61 岁	土地 29.9 亩，砖瓦房 1 套	3/2	独住	1998 年	1999 年
莫 Z/老伴	60/58 岁	土地 51 亩，砖瓦房 1 套	1/1	独住	1999 年	1999 年
李 GH/老伴	60/57 岁	土地 29 亩，砖瓦房 1 套	1/2	独住	2000 年	2000 年
蔺 S/老伴	61/59 岁	土地 27 亩，砖瓦房 1 套	1/5	独住	2000 年	2002 年
董 CG/老伴	62/59 岁	土地 44 亩，砖瓦房 1 套	2/1	独住	2001 年	2001 年
蔚 E/老伴	63/60 岁		1/3	与独子同住***	2002 年	

续表

老人姓名	年龄	财产占有状况	儿女数量	居住情况	结婚时间*	分家时间*
杜L/老伴	60/55岁	有20亩土地，砖瓦房1套	1/1	与独子不同住但同吃***	2004年	2004年
高B/老伴	60/56岁	土地20亩，住房1套	1/2	独住	2004年	2005年
魏XS/老伴	60/60岁	土地35亩，半砖房1套	2/1	独住	2005年	2005年
蔚S	60岁		2/ -	与幼子同住****	2005年	
王C/老伴	60/57岁	土地20亩，砖瓦房1套	2/2	独住	2010年	2010年

注：* 分别指幼子或独子的结婚时间、分家时间。** 结婚时答应给儿子在县城买房子，但未兑现诺言。婚后，先分了些地，后儿媳又闹，又多给了些地。*** 因儿媳身体不好，无法做饭，共火至今。**** 幼子及儿媳都有智力问题，无法自立门户。

可以看到，20世纪90年代起，魏村的老人在儿子们全部结婚后，开始选择分家另过，独立生活。进入21世纪后，很少有儿子娶妻后不与父母分家，除非家庭情况特殊，如儿子、女儿或儿媳有智力、体力有问题，无法独自支撑门户，才由父母代管家庭。表中至2010年父母未达到60岁的家庭未列入，但他们都已与父母分家另过。家庭在农忙的时候，或者特殊情况如老人生病了，父母和子女甚至几个兄弟之间还会临时共火。其他时间或情况，子女和父母分家另过是普遍现象。

费孝通先生对代际交换和养儿防老是这样说的。“从社会学的立场上来看，财产所有权在亲子关系中转移不过是社会性新陈代谢作用中的一步。亲子关系的内容，因新陈代谢作用的演进，而逐渐改变。子方出世，非但不带任何财产，而且他生命的维持，完全依赖亲方。孩子逐渐长大，由完全受亲方的供养，慢慢地参加家庭中的生产工作，由工作而获取经济上的权力。到他能独立生活进而自己组织家庭，由从亲方得到自主的经济权，最后和亲方的家庭分裂而独立。亲方则反之，由保育儿童而利用子方劳力，合作经营家庭经济，直到把家有的财产分给独立的子方，最后受子方的供养，成为子方家庭的附庸。”① 魏村人将这个过程简单地称为“我养你小，你养我老”。因

① 费孝通：《禄村农田》，载费孝通、张之毅《云南三村》，社会科学文献出版社2006年版，第158页。

为成为“附庸”即意味着老年生活的高风险，所以当魏村的老人能够在分家析产中为自己保留一些份额时，他们就选择和子代分家另过从而尽量避免成为子女的“附庸”。

父母一辈随着年龄的增加，逐步出让自己的土地给儿子，但始终保留一部分土地作为养老资本。即便不能自理时，儿子可以耕种老人保留的土地，但收入分配有不同形式。有的将土地承包给儿子，收取承包费；有的自己出成本请儿子耕种，收入分不分给儿子的情况均有，儿子们对此也无异议。老人没几亩地，因此帮忙耕种也花不了多少工夫。重要的是，老人若将收入留给自己，看病和日常生活等支出通常也由自己承担，子女们认为这样也是合理的。无论如何，老人们留一些自己的资本，不再完全将土地交给子女经营，依赖“子女”养老。2018 年起，魏村数次与几个企业讨论土地流转事项，由于村民内部对土地流转的价格未能达成共识，魏村的土地还由家庭各自耕种。人们说流转是迟早的事。老人随着年龄的增加，对土地的经营显得力不从心，如果土地可以顺利实现流转，老人就可以不通过子女帮助而获得固定的现金收入。

第三节　直系家庭的维持与裂变

一　家庭现代化

农村家庭核心化、小型化，以及作为一个侧面的直系家庭的衰落，都可以在“家庭现代化”的理论框架中得到阐释。早期人类学家就从达尔文那里得到启发，勾画出婚姻家庭的进化图谱。社会学家帕森斯提出了现代化过程中以亲子关系为中心的扩大家庭到向以夫妻关系为中心的核心家庭转变的假说，影响深远。[1] 伯杰斯、洛克进一步提出了家庭功能“从制度到友伴”的变化：“制度型家庭”（institutional family）以传统父权制家庭为典型，强调权威、忠诚与传统；友伴型家庭（companionate family）以现代核心

① 李银河：《中国家庭的演变》，《百科知识》2004 年第 6 期。

制家庭为代表，“感情依赖”成为家庭得以维持的首要因素。[①] 这种变化可以理解为纵向家庭关系为中心向横向家庭关系为中心的变化。家庭结构的变化满足了城市生活的流动性要求，为“个体化”的人张扬个性提供了空间，但也给他们的精神世界带来难言的痛苦，无根的漂泊感是现代城市人的普遍感受。[②]

对发展中国家“家庭现代化”的解释也延续了这种社会进化论的阐释传统，但除了强调经济发展的因素外，还突出了国家政治和权力的影响。这类国家的现代化受国家推动的影响很大，而家庭现代化被视为其现代化方案中的一个章节。外国学者对 1949 年后中国大陆城市家庭结构变迁的研究显示，“社会主义改造更为明显和迅速地破坏了社会组织的家庭模式”[③]。这种论断同样适用于对农村家庭结构变化的解释，郭于华就对国家权力对乡村社会的渗透带来的家庭代际交换规则的变化进行了精彩的分析[④]；而阎云翔对黑龙江的一个村庄的田野研究也详细地描述了集体化时代开始的中国家庭结构转型过程[⑤]。

二　传统农业社会中的“别籍异财”

（一）小农社会的家庭结构

中国古代同样存在“家”“户”二元制形式，一户未必是一家，而一家又往往不止一户。亲族之间的经济、财产和政治、法律关系十分复杂，二元式复合型家庭结构乃是常态，而非变态。[⑥] 虽然学者对中国古代各朝代家庭平均人口规模、各种家庭结构类型所占的比例有很大的争论，但至少认为“父

---

① E. W. Burgess，H. J. Locke，*The Family*，*From Institution to Companionship*，New York：American Book Co.，1945.

② P. L. Berger，B. Berger，H. Kellner，*The Homeless Mind*：*Modernization and Consciousness*，New York：Vintage Books，1974.

③ Martin King Whyte：《中国城市家庭生活的变迁与连续性》，《开放时代》2005 年第 3 期。

④ 郭于华：《代际关系中的公平逻辑及其变迁——对河北农村养老模式的分析》，《中国学术》2001 年第 4 期。

⑤ ［美］阎云翔：《私人生活的变革：一个中国村庄里的爱情、家庭与亲密关系（1949—1999）》，龚小夏译，上海书店出版社 2006 年版。

⑥ 蒋文迪：《“中国历代农民家庭规模与农民家庭经济学术研讨会”综述》，《中国经济史研究》2003 年第 4 期。

母妻子”式的简单直系家庭、兄弟同居的联合家庭和核心家庭都是中国传统农业社会常见的家庭结构类型，而人口众多、结构复杂的“大家庭”数目并没有想象的那样多。① 之所以产生这种误解，主要因为“大家庭”实际上是传统农业社会的家庭理想。

（二）“累世同居”的理想和“别籍异财”的现实

在春秋战国时代，中央集权的国家纷纷兴起，小农家庭逐渐成为社会的基本单元，二者构成了农业社会的两极。在商鞅变法的过程中，国家为了保证赋税收入开始强化对基层社会的控制，强制推行兄弟分异政策。秦朝建立后，继续维持对小农社会的汲取强度和对地方势力的高压姿态，最终短命而亡。汉朝建立之后，先后进行了“黄老之学”和“独尊儒术”两次意识形态的转型，开始有意识地调和社会冲突。儒家学说自西汉开始经典化②，其家国一体的政治主张得到统治集团的认同和赞扬，所宣扬的礼治秩序成为小农社会的理想。在这种理想社会的家庭中，父为子纲、夫为妻纲，从而确立了父权为基础的、纵向的家庭秩序。就像要维护中央集权的完整性一样，儒家同样要求维护家庭的完整性。于是，父权主宰、累世共居、其乐融融的大家庭便成为社会的家庭理想。

然而，这种家庭理想的实现首先要解决家庭裂变的问题。国家有两种应对方式：一是进行正面的道德宣扬，下诏旌扬那些“累世同居”的大族；二是进行强度不等的干预，维护父权家庭的内部秩序。各朝具体规定又各不相同。唐朝要求得最为严格，祖父母、父母过世后兄弟间方可分家析产，否则要进行处罚；明朝法律中虽然有对父母在别籍异财行为进行惩罚的条款，但

---

① 这类文献很多，其中对汉代、唐代家庭规模的争论较大。赵浴沛：《睡虎地秦墓简牍所见秦社会婚姻、家庭诸问题》，《中国社会经济史研究》2003 年第 4 期；魏道明：《从简牍资料看秦的家庭结构》，《青海师范大学学报》（哲学社会科学版）2003 年第 1 期；杜正胜：《传统家族试论》，载黄宽重、刘增贵《家族与社会》，中国大百科全书出版社 2005 年版；李根蟠：《从秦汉家庭论及家庭结构的动态变化——兼与杜正胜先生商榷》，《中国史研究》2006 年第 1 期；许倬云：《汉代家庭的大小》，新星出版社 2006 年版；王彦辉：《论汉代的分户析产》，《中国史研究》2006 年第 4 期；徐泓：《明代的家庭“家庭形态”权力结构及成员间的关系》，《辅仁历史学报》1993 年第 5 期；张研：《清代家庭结构与基本功能》，《清史研究》1996 年第 3 期；栾成显：《诸子均分制与家庭经济变动——乾隆黟县胡氏阄书汇录研究》，《中国史研究》2006 年第 4 期；王跃生：《清代中期家庭规模分析》，《中国史研究》1999 年第 4 期。

② 王中江：《经典的条件：以早期儒家经典的形成为例》，《中国哲学史》2002 年第 2 期。

“父母亲告乃坐”的补充将相关条款变成具文；清代直接将决定权交给父母，“父母许令分析者，听”[①]。

（三）小农家庭的生命历程与“养儿防老”的实现[②]

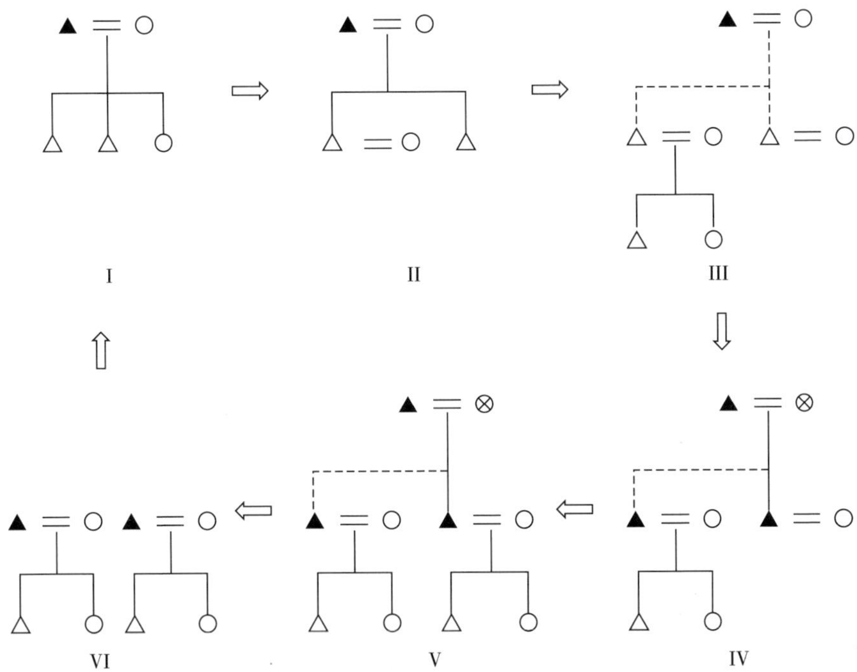

图 2－3　传统小农家庭的生命历程

父权制、“孝道”、继承制度为家庭养老提供了主要支持。一般状态下，在年长的儿子结婚后，家长也会把他们留在家庭中，至少可以基于以下考虑：一、制造“家庭和睦”的印象，迎合社区舆论或国家制度的要求；二、增加家庭收入，具体目的包括偿还结婚时欠下的债务、增加可分割的财产、增加家庭的财产；三、如果儿子早婚，可为小夫妻学习社会经验留下一定的时间。如果是在唐朝，儿子们只有等到完成为长辈养老送终的义务之后才可以自立

① 《唐律》规定得相对严格：“诸祖父母、父母在，而子孙别籍异财者，徒三年。”《明律》也规定：“凡祖父母、父母在而子孙别立户籍、分异财产者杖一百，须祖父母、父母亲告乃坐。若居父每丧而兄弟别立户籍、分异财产者杖八十，须亲以上尊长亲告乃坐。”《大清律例增修统纂集成》卷八“别籍异财”条更为明了：“祖父母、父母在者，子孙不许分财异居；其父母许令分析者，听。”

② 出于本书分析的需要，仅对直系家庭的裂变过程进行一般性的描述，而未关注更复杂的家庭模式的维持与裂变过程。

门户；如果在明清两朝，年长的儿子们会先后自立门户。父母最后为幼子成家，并最终将家长的权力转移给幼子（如图2－3所示）。在“香火”传承中，小农父权家庭完成了再生产的轮回。

三　家庭革命与农村家庭再生产模式的延续

新中国成立后，国家推动的社会革命浪潮不断冲击农村社会。土地改革之后的集体化，国家通过对土地所有权和劳动力的控制汲取农业生产的剩余①，而这部分剩余本应当为小农家庭占有。家庭收入的主要来源是在集体劳动时获得的工分，小农家庭积累生产剩余、增加家庭财富的冲动被遏制；家庭进行生产组织功能外移到村社集体中。同时，新的婚姻家庭观念开始在乡村中传播，但短期内并没有对家庭的内部权力关系格局带来革命性的影响。

案例1－1　婆婆还是婆婆

史L，女，1950年生，高小毕业，婚后育有一子两女。经人介绍，在1970年嫁到L家。由于丈夫是家里的小儿子，婚后一直和公婆共同生活。史L每天家里、地里忙个不停。婆婆（1914年生）是小脚，既不参加田间劳动，也很少承担家庭劳动，却偶尔因为饭菜不合口味而呵斥儿媳，史L通常忍气吞声。由于一起生活，她和丈夫挣的工分统一由村集体发给家长——她的公公，由他决定怎么使用。在出嫁前，她挣的工分归父亲支配。

案例中的史L生在新社会，接受过一些新式教育，通过新的择偶方式“介绍对象”而不是“父母包办”与丈夫相识，但婚后家庭中是一个传统的婆婆。婆婆背后是掌握家庭权力的公公，所以，尽管她对婆婆不满，也无济于事。1950年，新中国政府颁布了《中华人民共和国婚姻法》，宣布“废除包办强迫、男尊女卑、漠视子女利益的封建主义婚姻制度”，“实行男女婚姻自由、一夫一妻、男女权利平等、保护妇女和子女合法利益的新民主主义婚

① 集体公有制被认为是“由国家控制但由集体来承受其控制结果的农村社会制度安排”，见周其仁《中国农村改革：国家和所有权关系的变化（上）——一个经济制度变迁史的回顾》，《管理世界》1995年第2期。

姻制度”。在其后的社会革命洪流中，“三纲五常”之类的父权思想被一次又一次地清算。我们却看到，父权虽然不再被主流意识形态所推崇，但仍然在父子、公婆间的家庭关系中延续。女性的确被解放了，她们加入了新时代的劳动大军，在家庭之外有了自己的舞台；但在家庭之内，仍然生活在传统之中。这在当时并不是个别现象，魏村的一位妇女就因公婆、丈夫的压力而自杀。

案例 2　“要强”女性的自杀

杨某性格要强，夫家是大家族，有三个儿子，丈夫是老二。杨某与丈夫育有三子两女，两人经常因为小事争吵。他们 18 岁结婚，夫妇都没有与长辈、晚辈相处的经验，杨某在矛盾发生后用喝农药、跳井等方式威胁丈夫和公婆，有回喝了农药抢救失败去世了。

家庭革命对农村家庭带来了一定的影响。多子家庭延续了分家的传统，而且分家变得越来越容易，结婚到分家的间隔相对缩短。原因如下：由于政府提倡晚婚晚育，年轻一代结婚的时间相对比较晚（男 20 岁，女 18 岁），积累基本社会经验缓冲时间变短；在“移风易俗”之后，子女要求分家不再受到社会舆论的谴责。但人们仍然坚信为父母养老送终是儿子们（主要是幼子）无法推卸的责任。在魏村，那个时代多子家庭的新婚夫妇在一年内就会自立门户，有的结婚两三个月就“赁”（分家）出去，但通常老人会和幼子或最后结婚的儿子共同生活，这一点在当时社会是不言自明的准则。虽然在当时与儿子共同生活也会有矛盾发生，但老年人通常不会遭到拒绝。

四　市场经济状态下直系家庭的裂变

在改革开放之初，有研究者发现城市青年人与父母分开居住的愿望趋强，同时也出现了老人希望子女不再“啃老骨头”。潘允康称分开居住、自立门户现象为两代人的相互“背叛”。[①] 家庭联产承包责任制实施以后，农村家庭关系也开始出现剧烈的变化。

① 潘允康：《家庭社会学》，中国审计出版社、中国社会出版社 2002 年版，第 196—199 页。

（一）父权的衰落

阎云翔曾对其田野地点下岬村在1949年后择偶方式的变化情况进行统计：1949—1959年“包办婚姻”的比例为73%，1970—1979年“包办婚姻”的比例为5%，1980年以后，包办婚姻消失；同时，通过介绍婚姻、自由恋爱结婚的比例稳定增长，逐渐成为主要的择偶方式。① 从“父母之命，媒妁之言”到“媒人介绍，自己选择”，家长实际上逐步出让了安排子女婚姻的权力。这说明，家庭革命对乡村家庭的影响有一定的迟滞，但最终还是显露出来。

案例1－2　媳妇成了婆婆

1994年，史L独子结婚。她在儿媳妇过门后，仍然承担着伺候自己婆婆的职务，但自己却轮不到儿媳妇照顾。儿子并没有要求媳妇像母亲对奶奶那样尽职尽责，而是和媳妇站在一边，要求“提前接班”，掌握家里的经济大权。一年后，父子两代家庭分家另过。

在独子结婚之后，史L开始身兼（“旧”时代的）媳妇、（新时代的）婆婆两种角色，但史L未像自己的婆婆一样被儿媳尊重。首先是儿媳妇并没有伺候两代婆婆的想法，时代在史L的儿媳妇身上灌注了和史L的婆婆以及史L完全不同的家庭观念。这种观念的变化也导致史L和她的丈夫失去了命令、支配儿子、媳妇的可能。“父为子纲”只有辅以“夫为妻纲”才可能形成以家长为权力中心的纵向家庭结构。现在，“夫妻平等”的观念已经成为乡村社会的共识，尽管宏观地看，女性的地位还有待进一步提高，以实现男女平等的空间。但在微观层面，在小家庭内部，“妻管严”已不足为奇，妻子在家庭中掌握较大的权力。因此，在作为父亲的儿子和妻子的丈夫两种角色中，儿子的角色不得不向丈夫的角色让步。失去了“夫为妻纲”的支撑，以“父为子纲”为基础建立的家庭虽然因儿媳的到来而得到“扩展”，但家庭中出现了纵向关系和横向关系的冲突——直系家庭自然难以为继，成为一种过渡

① ［美］阎云翔：《私人生活的变革：一个中国村庄里的爱情、家庭与亲密关系（1949—1999）》，龚小夏译，上海书店出版社2006年版，第55页。

性的形态。①

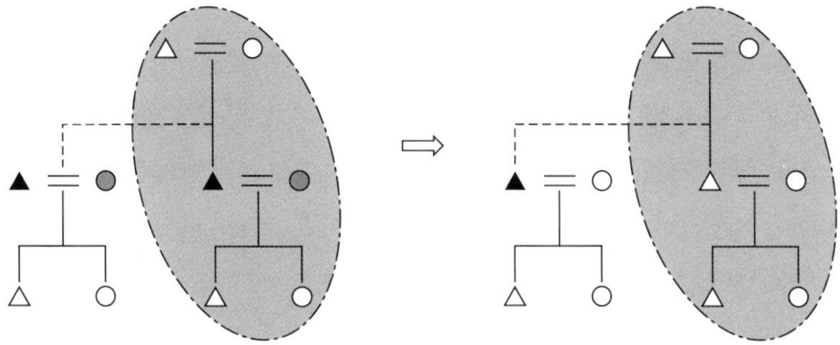

图 2－4　两种家庭权力关系中的家庭养老

另外，史 L 和丈夫拒绝“提前交权”也是推动老两口允许小两口分家另过的直接原因。在独子结婚时，史 L 和丈夫也刚刚 50 岁，如果将家庭的经济大权交给儿子、媳妇，意味着至少要在一种次要的家庭地位上和儿子一起生活 20 年——如果仅以 70 岁的寿命计算的话。这种“活在别人手里”的生活并不是这对新老人想要过的。史 L 本人在做媳妇的这些年中，也有权力、尊严、平等等方面的觉醒，她并不希望自己成为婆婆那样以身份自居的长辈，尽管每个人都希望获得尊重。对于儿媳妇儿而言，新时代女性的独立、不受约束和与长辈之间地位平等的追求使她希望拥有自己的独立空间，事实上分家另过是两代人之间在思想、经济等因素中的博弈与平衡。此外，村庄里有很多老人，当他们把所有的权力、土地和其他财产交给子代去管理，自己完全成为子代的依附者，仅存家长的身份时，他们的日子并不好过。所以，新一代的老人在为自己的养老做准备时，有更理性的选择，村里老老期老人的养老现状也要求他们做出理性选择。

（二）“养儿未必防老”

老老期老人的生活状况与初老期老人相比差别很大，以下两位老人就因“感情用事”、误解了子女们的意图而“自酿苦果”。

---

① 19 世纪美国开始出现老人院，起初是为富人服务，后来变成为穷人开办的公共福利机构，这也反映了老人在家庭中地位的下降。见［美］戴维·L. 德克尔《老年社会学》，沈健译，天津人民出版社 1986 年版，第 247 页。

案例3 没人要的老人

魏D，男，1925年生，育有三儿五女，老伴在20世纪70年代过世。子女们都成家立业后，邻居帮他找了份在乡镇中学做守夜人的工作，一年有两三千块钱收入（1991年），可以在学校食堂免费吃饭，他做了三年。三年间，他有时回儿女家小住几天，儿女们对他都很客气，尽量给他准备上好的饭菜，而且农闲时还去学校探望他。这让老人觉得自己没有白养活这些孩子，并且认为无论他的处境如何，孩子们都会一如既往地孝顺他。这种认知驱使他辞职回家养老。万万没想到，儿子们不收留他，女儿家也只能暂住几天。几经协商，他被安排到小儿子院子里的一个单独的小房子，但小儿媳妇不能忍受他的存在，家庭冲突频繁发生。几个兄弟姐妹没有办法，最终协商让魏D“轮火头”。

魏D对自己的决定追悔莫及，央求邻居向学校申请帮他重新做回守夜人，但守夜人的位置已经有新人替代，他无法再恢复原来的职务。多子女家庭中，照顾者不止一位，这虽然可以分担照顾老人带来的压力，然而这种责任的分担并不能保证所有照顾者在分配照顾时间和金钱方面取得共识。有时，家中照顾者之间的矛盾，可能会增加主要照顾者的压力，甚至可能产生照顾者相互推卸责任的情况。[①] 此外，魏村家庭的主要财产，即农田是在父系的亲属联系中传袭，和费先生调查的禄村一样，女子就得不到农田的所有权。女子出嫁不能带着她父家的田产到夫家去。从子女方面说，在普通情形中，女儿并不能和她兄弟一般从上代继袭田产，所以我们可以说农田是男性的财产。[②] 女儿既然得不到财产，在养老中，如果选择照顾的时间和经费都由子女均摊，在经济上女儿难免有吃亏的想法，但出于道德和伦理上的反哺文化，女儿通常也承担为父母养老的职责，尤其当老人“意外的长寿”，子女彼此相对认可养老义务中的均摊，他们说“哪个单独伺候都伺候不过来”。

让子女甘心养老，老人要自觉做一个“聪明人”，即尽量少给子女添麻烦。像魏D老人这样盲目自信，会使自己失去子女对他的尊重。也就是说，

① 姜向群：《年龄歧视与老年人虐待问题研究》，中国人民大学出版2010年版，第123页。

② 费孝通：《禄村农田》，载费孝通、张之毅《云南三村》，社会科学文献出版社2006年版，第153页。

当农村老年人能够自理，生活上不依赖子女，经济上不需要子女的帮助，子女们愿意提供一定程度精神上的慰藉，使老人能够感受一些天伦之乐，正如有研究一针见血指出的那样，经济独立才是农村老年人晚年幸福的首要条件。① 但当老人生活上需要照顾，自己又没有经济来源时，子女们也吝啬于精神上的付出。所以精神上的慰藉、生活上的照顾和经济上的支持通常是相辅相成的。越是经济能够自主、生活能够自理的老人，越能够得到精神上的关怀。

案例 4　幼子养老的代价

刘 F，男，1931 年生，有两儿四女，老伴在 1972 年去世。1982 年，幼子结婚，刘 F 便按照惯例和幼子一家共同生活。他当时能下田干活，还帮着儿子带孩子；他把自己的养老田、复员军人生活补贴都交给幼子，同时移交了家长的权力。可随着刘 F 变老，儿媳妇表现出对他的嫌弃，并表示养老的责任不应该由一个家庭承担。老人无奈，便在大儿子家住下。大儿媳为人和善，待老人很不错，吃饭时还专门给老人额外加营养的饭菜，而且为他缝制了新被褥。村里人都夸大媳妇善良，说老人享福了。

可好景不长，到城里居住的大女儿在魏村还有些土地，因为父亲由大哥抚养，因此，大女儿想把自己的土地低价承包给大哥。刘 F 的二儿子听说此事，马上趁哥嫂不在家时，偷偷将父亲劝回自己家。二儿子是刘 F 最小的孩子，很受溺爱，二儿子家的孩子也是他一手带大的，他感觉自己离不开这个孙子，于是跟着二儿子回去了。老人回来后，大女儿的土地自然转给二儿子，但刘的生活也发生了质的变化。他在二儿子家只能住偏房，吃饭不准坐到餐桌和儿孙们一起吃，儿媳做好了给他送一碗过去。老人偶尔出现在村里，人们嘲笑他的决定时他装聋作哑，问他后不后悔搬到二儿子家，他也不说话。二儿子因为接回了父亲而种了姐姐的土地，但因为承包费的问题双方发生了冲突。偷偷接父亲的行为也让大哥怨恨，更遭到二姐、三姐的谴责。于是，二儿子干脆不让刘 F 见二女儿、三女儿，不准她们在逢年过节时探望老人。后刘 F 失去行动能力，但因子女之间有矛盾，探望受阻，刘 F 的心理和精神受到很大打击。

① 陈彩霞：《经济独立才是农村老年人晚年幸福的首要条件——应用霍曼斯交换理论对农村老年人供养方式的分析和建议》，《人口研究》2000 年第 2 期。

2007 年冬，刘 F 自缢身亡。二儿媳大哭："我们以后怎么做人啊。"

寿命的延长改变了年轻人和老年人之间的关系。传统农耕时代，长寿的父母往往为奋斗中的年轻夫妻提供他们需要的家庭稳定进取建议及经济庇护。为了照顾父母而奉献一切的子孙则渴望继承更多的家业，至少比离开父母的子孙分得更多。但是，一旦父母的寿命显著延长，父母和子女之间的摩擦就会加剧。对年轻人而言，传统的家庭制度不再是安全的来源，而是对控制权（对财产、财务甚至其生活方式的最基本的决定）的争夺。[①] 曾有"世间兄弟之争皆为财，有的为钱，有的为田地，有的为房屋，有的为食，凡此种种，不一而足"的说法[②]，但是，魏村多子的老人在孩子结婚的时候，通过"诸子均分"的方式，已经将田地、房屋全部分给儿子。老人不再有财产，而子女争的也不是田地、房屋，引起兄弟争执的是对老人养老责任的博弈。

刘 F 是迄今为止魏村唯一自杀的老人，因此人们在谈到养老问题时，还会举他的例子。刘 F 两个儿媳妇年龄相差仅几岁，对待老人的态度有很大不同。大儿媳妇是村里公认的善良的好媳妇，但老人自己在财产分配和行为上有失公允。当地有一句俗语"小儿子，大孙子，老汉的命根子"。即老人往往疼爱幼子。刘 F 很溺爱自己的小儿子，更疼爱自己照看大的孙子。作为情感投入、经济投入的回报，他幻想小儿子为他养老、给他尊严。他的感情战胜了理智，很快陷入困境。人们虽然谴责他的小儿子，但并没有给老人多少同情，因为他"糊涂得很"：明明知道可以在大儿子家养老，偏偏要到小儿子家过"爷爷不如孙子"的生活。老人因犯糊涂受罪，其他子女的拯救行动均告失败，村里也没有人愿意替他说话：二儿子夫妇对他不好，但他却对他们过分偏爱而没有顾及对大儿子的公平，也就是他没有做好父母的样子，最终的结局只能算是他"自作自受"。事实上，老人自缢后，舆论并没有对二儿子夫妇有太多批评，包括老人其他的子女也没有因此而责怪二儿子不孝。人们谈论刘 F，只是作为一个醒世案例。

魏 D 也和刘 F 一样因为"犯糊涂"而在年老时陷入困境。他们的晚年就

① ［美］阿图·葛文德：《最好的告别》，彭小华译，浙江人民出版社 2015 年版，第 18 页。

② Chi-ming Chao, "a study of the Chinese population", *The Milbank Memorial Fund Quarterly Bulletin*, Vol. 11 (4), 1933.

是农村养老的“最低标准”：不打不骂、给口吃的。这和该地区家庭应当具有的消费水平极不相符。2000年之后，没有几个子女愿意在成家后和老人长期生活，受父母的支配；同时，也没有几个老人愿意在儿子结婚后和小夫妻一起生活，他们担心交权之后会沦落到“不打不骂、给口吃的”的生存状态。于是，父代、子代为了各自的生活便客客气气地分家了。

刘F的自杀没有在村庄里引起太大舆情，村里人认为他的境遇与自身行为有关。而村里另一个老人在十年之后的病死，却引起广泛舆情，尽管他的病情比较严重，但村民依然认为，他的快速死亡是子女不尽力和“表演式”孝道造成的。

案例5 医治无效死亡的张某

张某，72岁，在当地医院被诊断为肺癌后，由长子和次子带到省城医院看病。儿子们带张某去了传染病医院，而且不允许他人探望。就连张某的第二任妻子，儿子们也仅允许她陪一天就离开。之后，儿子们又将张某带到北京看病，到底去了什么医院，人们不得而知，总之，50多天后，张某在北京病逝，儿子租了辆车将他的尸体运回魏村。

村里人认为儿子们带着张某看病是在作秀，看似去了这样那样的城市，但所选的都不是“正规”医院。儿子们认为自己已经尽力了，父亲是不治而亡。

张某非常聪明，性格也很固执，他似乎清楚儿子们在他生病之后将采取什么样的行动。他立好遗嘱，把10多万元存款交给现任妻子，并嘱咐她在任何情况下都不可以将钱交给他的儿子们，否则她一分钱都拿不回来，在他去世后，也不要离开他们现在的住处，否则她将无家可归。他说：我的儿子都是“狼”。

可以看到代际关系中两代人之间的不信任，张某尽管对儿子们的手段未卜先知，却没有采取行动止损。虽然自己有10多万元存款，但并没有选择自己去问医治病，也没有通知其他亲戚监督儿子们的行为。老年人一旦生病，尤其是大病，似乎就把生死大权交给儿子。张某虽不信任儿子，但在行为中，父子双方都践行“养儿防老”“父慈子孝”。

张某去世被拉回村庄后，儿子们痛哭流涕，表现出失去父亲的痛心疾首，村里人却对此嗤之以鼻，虽不当面指责，背地里却经常谈论儿子们的不当行为。尽管他们并无任何证据证明张某未得到良好治疗。张某去世后，妻子按照叮嘱不借钱给孩子们，也不离开张某生前居住的老屋，目前还可以安稳度日。

魏村的老年人并不积极消费，张某属于经济殷实的老人，有 10 多万元的存款。但即便其他老人，若没有子女“啃老”，通常也有一些存款。他们不肯花钱，日常显得拮据。虽不谈及死亡，但他们用金钱预防两种情况，一是生病；二是意外的长寿。老人们当然喜欢长寿，但如果活到 90 岁甚至更长的寿命，晚景就很难由自己掌控。村里年龄最长的老人 95 岁去世，好在她有几个经济条件不错并愿意合作照顾的子女。而对于新的要步入晚年生活的老人，他们子女少、晚年没有存款就无法应对，存钱才让他们有安全感。

张某为了安享晚年而努力存钱，但生病之后还没来得及花钱就去世了，他一辈子省吃俭用的生活方式就是为了应对万一。现有的养老金制度在一定程度上缓解了老人们的危机感，但并没有得到完全解决。事实上，魏村的老人年老之后，并没有享受生活的习惯，他们也不知该如何享受。农村自古以来“不劳动者不得食”，农民最清楚“粒粒皆辛苦”，在这种思想的影响之下，他们咬紧牙关过艰苦的生活。

大前研一在研究日本老人存钱时，提到其中一个原因“老年人希望子女能够照顾自己到临终，但是子女们总是会先顾自己，根本不会好好尽孝，老年人认为他们可能连看护都不会好好做。但若老年人自己手里有钱，子女们知道等到父母离世后这些钱肯定会留给自己，多少还是会照顾一下父母的”①。这也是如今魏村老人储蓄的原因之一，如果子女不尽孝道，那金钱会发挥一定的“牵制力”。

《臣轨·诚信章》有“父子不信，则家道不睦”之说，张某家中两代人之间强烈的不信任虽不算平常，但是，村庄里的老人对子女能否在“关键时刻”孝顺普遍持怀疑态度。“关键时刻”主要是指他们生重大疾病或者生活不能自理的情况。所以，他们保留财产、保留话语权，保留“关键时刻”与子女谈判的能力。但是，“东方的文明的最大特色是知足”②，魏村老人用自身

---

① ［日］大前研一：《低欲望社会》，姜建强译，上海译文出版社 2018 年版，第 42 页。

② 胡适：《我们对于西方近代文明的态度》，载《胡适选集》，天津人民出版社 1991 年版，第 199 页。

对老年生活方式的调整和适应，演绎着东方的知足文化，他们朴素生活，只要子女有“不打不骂、给口吃的”的道德底线，在其上，多少有些必要的尊重，就是老人们言谈中的好子女。如今的孝道，似乎并不要求对长辈施以援手时必须带着敬重与爱心。

第三章　魏村家庭养老模式的变迁

上一章表述了家庭结构变迁背景下“养儿防老”的脆弱性：子女结婚后普遍希望自立门户，而那些早期和已婚子女共同生活的老人晚景并不乐观。于是出现了子女们想分家，老人们想另过的情况，最终的结果是老年空巢家庭扩大化。魏村人对他们的养老问题做出这样的总结：“人老了一得有老窝，二得有老伴儿，三得有老本儿。”“老窝”就是房子，这是独自生活的基本条件；“老伴儿”能够在生活起居中日夜陪伴，自然重要。但生死有命，老伴儿总有一天要离去，老人孑然一身时，女儿照顾的重要性就显示出来了，儿子是日常照顾的最后选择。日常生活质量、子女的态度基本要靠“老本儿”的分量，因此老人们非常关心如何保住“老本儿”。魏村的老人都有自己的住处，可以说他们不缺“老窝”。因此，老人们为自己的老年生活进行两方面的准备：控制土地、保住“老本儿”；处理好和子女们的关系。

第一节　“土地换保障”

人们认为，魏 D 和刘 F 因没有“老本儿”导致晚年生活的悲凉，而“老本儿”不足同样也会让老人面临生活的困境。

一　老老期老人的老问题

受卫生条件改善以及 20 世纪五六十年代国家鼓励生育的政策影响，魏村 80 岁以上的老人通常子女较多，高于现年 70 岁以上老人的子女数。魏村家庭的子女数，是一代代下降的。子女较多的家庭，在家庭财产实行“诸子均分”

后，老人所剩无几。

案例 6　宋 E 的老年生活

宋 E，男，1938 年生，有四儿三女。二儿子 2018 年去世。三个儿子结婚先后分去了他的土地，他不停开荒，不停分地给儿子们，但几个儿子间还有冲突，埋怨他分配不公。

二儿子去世后，他失去了一个儿子的保障，同时还需要为二儿子的孩子提供帮助，帮儿子尽一份责任。他十分注重自己的健康管理，平日自己做饭。除了政府发放的基础养老金，还养了两头驴，坚持种四五亩地，驴一旦繁殖，他就卖掉换一些收入。他说“久病床前无孝子”，不能给孩子们添麻烦。

“不能给孩子们添麻烦”既是自己的独立和自尊的表现，也是对子女能否提供照顾没有信心的表达。女儿是“嫁出去的姑娘、泼出去的水”，偶尔探望没有问题，但不可能提供长期照顾。魏村的老人们不怕老，有的甚至表明不怕死，但他们怕生病、怕不能自理、怕没人照顾。他们讨好地和子女维持着平衡，但子女对这种讨好似乎并不领情。

村里人约定俗成地认为老人生病，出钱是儿子的事，出力是女儿的义务。近些年有所改变，随着人均寿命的提高，女儿也需要出钱、出力。

轮火头，也有地方叫吃火头①，是家庭在多子女情况下比较常见的一种养老方式。魏村过去轮火头并不是老俩口中只剩一人才进行，也有父母均健在，但在儿子家中轮流吃饭的情况。父母住自己家，吃饭上儿子家，这是一种对老人的赡养方式，通常老人在去儿子家中吃饭的过程中，也会帮忙做一点力所能及的事情，这样，老人和子女都舒服自在。老人越独立，越能够获得子女的尊重。事实上，子女并不是不舍得给老人“吃饭”，他们怕的是照顾老人的麻烦。如今，老两口中只剩一人，且这一人卧病时间较长，才开始在子女家轮火头。事实上，老人最希望子女能到自己的“老窝”提供照顾，但子女也有自己的家庭。魏村卧床的老人，年龄在 80 岁以上，他们的子女也都儿孙满堂，丢下自己的家庭长期照顾老人的确不现实。没有老人愿意“轮火头”，

① 周大鸣：《凤凰村的变迁》，社会科学文献出版社 2006 年版，第 184 页。

人老了更恋家，无论子女能否提供妥当的照顾，老人都不愿意离开自己的家，尤其是通婚圈扩大后，有些子女家并不住在同村或周围村庄，“轮火头”让老人因为吃饭和受照料四处转场，这是他们年轻时从未有过预期的“浮萍”人生。

案例 7 “轮火头”的高某

高某 83 岁去世，去世前卧床两年多，最初主要由两个儿子家照顾，后大儿子一家外出打工，客观上不能保证照顾老人的时间。二儿媳认为既然老大不照顾，责任也不能完全落到老二身上。于是，几个兄弟姐妹商量决定让老人“轮火头”，一家两个月。老太太虽不能自理，但还有意识，她不喜欢到女儿家。二儿媳只是认为养老的责任不应由她过分承担，而且老人长期住到二儿子家时，女儿们不来探望，让她十分生气。轮到她照顾时，她也尽心尽力，还每月花 3500 元雇了一名保姆帮助照顾。

高某在能自理的时候，极力维护和女儿的关系，甚至是讨好的。比如她听说二女儿来魏村卖农产品，自己就做好饭菜给女儿送去。她请女儿回家坐坐，女儿表示很忙，没有时间。高某的几个女儿和高某似乎都存在一些隔阂，村里人议论说高某太懒惰，女儿们出嫁前把女儿使唤多了，总让女儿干农活，这样女儿结婚后就不想回娘家了。

高某“轮火头”期间，没有一个女儿愿意多留高某住一天，到了日子就赶紧通知下一家接走。每每知道要去女儿家，高某总是拼命向炕里挪动身体，表明她不想去。但这时的她已经没有任何话语权和选择的权利，她是子女的“附庸”。高某的确属于不太勤快的家庭妇女，丈夫在世且能干活的时候她依靠丈夫生活。但丈夫去世前也卧床一年多，她照顾得还不错，那时她的几个女子之间也没有矛盾，因为主要是她在承担照料人的责任。她的卧床却引发了子女之间的战争。女儿们的不付出让两个儿子很是不满。2021 年轮到大儿子照顾时，高某去世。去世前一天，几个女儿都来到大儿子家。丧事办完后，大儿子、儿媳和几个女儿恶语相向，二儿子也表达了积蓄已久的不满，子女们之间的关系随着高某的去世断裂。

日本关于老人的研究提出“下游老人”一词，定义为生活在基本生活保障水平线以下的高龄者以及有此危险的老年人。[①] 高某自己的收入只有基础养老金，其余全部依赖子女。而“无工作”“无收入”“无储蓄”等都是下游老人的特征，按照这些特征，高某、魏D等老人都是“下游老人”。因具有这些特征，下游老人被边缘化的同时，还要承受一些污名，在日本，有一股把依靠他人和制度生存视作罪恶的寄生生活的风潮。[②] 费孝通先生就在赡养关系中提出父代对子代的“依附”关系，因此，对于高某的这种“依附”，魏村人还没有将其污名化，但魏村人把高某的晚景与其“过度让女儿干活”等相依讨论，显然认为高某的不受女儿待见与她年轻时的懒惰有关。人们在讨论中夹着点“因果论”，但毕竟只有过了晚年，才知道自己的晚年是怎么度过的。

宋E能自理，且自己还有少量的土地和收入，老年生活基本安宁。高某是女性，体力、财产、自理能力均丧失，晚年在各子女的推推搡搡中结束。从村里人的闲谈中可以明显感受到人们非常重视和子女维持良好关系。似乎老人在年轻时，就需要和子女小心谨慎地相处，比如不能像高某一样让女儿做太多活，这样自己老了，会不招子女待见。

分家析产的意义在于进行代际间的财富转移，高某这样彻底的代际财产转移实际上已经演变为向上的代际财富剥夺，过度的财富转移严重威胁老人的生存。类似的财富剥夺给人们留下了深刻的印象，人们积极谋划着如何保住“老本儿”。在魏村，老人能像魏D一样获得农业之外的收入的机会少之又少，因此他们最大的指望就是土地。当地土地的产出相对稳定，因此土地变成了老人们最重要的“老本儿”。

在“养儿防老”的文化里，子女也是老人重要的“老本儿”，2000年之前，为老人“养老送终”基本由儿子承担，一般哪个儿子最后结婚老人就在哪个儿子家；2000年之后情况有所改变，像魏D、高某这样，在儿子、女儿家“轮火头”的情况较多。村里也有一个95岁去世的老人，由子女轮流到她家提供照顾。轮火头的老人年龄通常在80岁以上，无储蓄、丧失健康，同时也丧失了话语权。子女之间在老人养老的事项上有推诿和博弈，在照料质量上存在差异，但完全不管老人的子女很少。魏村及周围农村都有“轮火头”现象，但魏村有一个家庭的小女儿1987年嫁到县城，父亲去世后，她将母亲接到自己

① ［日］藤田孝典：《下游老人》，褚以炜译，中信出版社2017年版，第VII页。

② ［日］藤田孝典：《下游老人》，褚以炜译，中信出版社2017年版，第131页。

家生活，独立为母亲养老大约20年的时间。由此可见，女儿已成为农村养老中不可缺席的供养方。

二 初老期老人的新办法

布尔迪厄把冲突看作所有社会生活的基本动力。处于社会组织核心的是争夺权力的斗争。他的一个核心观点是，斗争是通过争夺符号资源与物质资源进行的。依据他的看法，社会等级结构（布尔迪厄称之为“交叉结构”）的两个主要的竞争原则塑造着现代工业社会的权力斗争，它们是：经济资本（财富、收入、财产等）的分配与文化资本（文化、知识、教育文凭等）的分配。在他的分析中，个体、群体、机构、家庭等常常利用经济资源或文化资源以维护或强化自己在社会秩序中的地位。[①] 家庭中，当个体年老后待以交换的经验、智慧等文化资本失去意义时，个体会有意识地维护经济资本。

魏村现年70岁左右的老人进入初老期时为自己保留了更多的土地。少则几亩，多则几十亩，按照土地的收入情况和他们的健康状况，老人们可以比较从容地为自己积攒“养老钱”，魏村的多数老人都有储蓄。这代人之所以能够留下较多的土地，主要有两个原因。一是家庭实际占有土地数量的增加。1990年前后，各家纷纷大量开垦荒地。[②] 这部分土地在第二轮土地承包时并没有收归集体进行重新分配。二是因为这个年龄段的老人养育的儿子数量变少，家庭平均为3个孩子，其中只有1个儿子的情况并不少。因此，参与家庭财产（主要是土地）分割的人数减少，每份财产的数量变大；此外，父母为所有的子女完成婚姻大事后，年龄依然较小。

在魏村，父代在50岁上下可完成子女成家立业的任务，这时他们仍然很“年轻”，无形中增加了为自己积累“老本儿”的时间。人们一般预期老人至少能正常地劳动到65岁，到70岁时就只能干一些轻体力活了。因此他们有至少10年的积累时间。如果可能的话，老人到65岁之后还可以直接把土地转包出去，收取地租。现在，当地每亩土地的纯收入700—1000元、出租土地每亩300— 400元。因此，老年家庭若能留下20亩土地，从50岁耕种到

---

① ［美］戴维·斯沃茨：《文化与权力：布尔迪厄的社会学》，陶东风译，上海译文出版社2006年版，第156—157页。

② 私自开垦的土地不计入“承包地”之中，因此家庭实际占有的土地数量要高于地方政府提供的统计数字。

65—70岁，若没有重大疾病，除去日常开销，两位老人在20年间能积累大约20万元。按照每年2万元消费，还可以花10年。老人们积累下来的“养老金”和仍然掌握在手里的土地就成了他们需要子女们照顾时的谈判筹码。

新技术和新的生产组织方式的采用降低了对农田劳动的体力要求。目前，翻地、平地、播种、籽瓜打籽、小麦脱粒、玉米、葵花收割脱粒基本实现了机械作业，整片的小麦收割通常要雇佣联合收割机，为增加收入进行的套种也可以用机器收割。浇水、修渠、施肥、间苗有些需要人工完成，身体较好的老人还可以做。番茄、枸杞的采摘时间比较集中，对体力的要求高，但通常靠雇佣短工完成，家人的主要任务是做饭和进行运输。年纪稍大的老人一般选择种植小麦、玉米，这些几乎实现了全程机械化。

这代老人转移给子女们的房屋、土地等财产足以使他们过上安定的生活。子代家庭已经普遍一孩化，抚育的投入和支出较少，同时他们在土地之外获得收入的方式也较多，刻意追求扩大土地数量的子代家庭也有，但较少。

总之，小家庭和老年家庭都处于各自的“积累”阶段，两代人之间很少出现剧烈的冲突，彼此相安无事。但即使发生冲突，老年人也不会轻易放弃自己的利益而求得暂时的和平。他们完全认识到土地对自己的重要性以及获得自养能力后，自己不用看子女的“眉高眼低”的自在。前人的教训就是他们的经验，老人用自养进行自我保护。

案例8　拒绝再分割土地

许M，女，丈夫L某，同为1952年生，有一儿五女。儿子结婚时家里欠了一些钱，婚后儿子想分家，许M和老伴坚决不同意，一定要在还清债务后再分。两年后债都还了，老两口主动提出和儿子分家。他家75亩土地，儿子在农业之外还养殖，需要较多的土地，和父母商量土地都给他，父母跟着他干就行。尽管只有这一个儿子，但父母并不同意这样做。他们给儿子分了47亩，自己留了28亩。老两口按照自己的身体状况选择不同的农作物耕种，目前还可以应付这些地，农忙的时候女儿们也来帮忙；平时需要机器时儿子会提供帮助，但许M认为这叫换工，他们帮儿子做了别的事情，如农忙时做饭、照顾小孩，所以彼此是平等的。他们每年除去一切开支后至少可以有两万元的存款。准备自己干不动的时候将土地承包出去，也有可能“承包”给儿子，但不会轻易给儿子。

许M还养猪、羊、两头牛。除了自己吃，也能卖一些，村里人都说他们的净收入不止两万元。老两口每月每人领120元的养老金，对未来充满信心。

看到父母过得这样富足，儿子高兴之余也有点抱怨，认为父母为他考虑得太少。因为与父母同住一个院子，他想让父母出钱新盖个偏房做储藏，遭到拒绝；邻居家有大型拖拉机，秋天帮别人耕地有钱赚，儿子想让父母也出点钱帮他买一辆，遭到拒绝；儿子有两个女儿，和父母提出只要父母出钱抚养，他可以选择生一个儿子传宗接代，但许M夫妇拒绝，认为生不生是他们自己的选择。而许M夫妇在养儿防老、传宗接代观念的驱使下，一连生了六个孩子。如今他们不再操心“传宗接代”的事，一心为自己的老年生活做准备。

几十年的社会经济变革，加之养老中儿子女儿均能承担一定的责任，在社区文化中，家庭没有男孩不再被嘲笑为“断子绝孙”，农村的男孩偏好也随之降低。当然，魏村和周边村庄也有在经济上给小家庭一定支持，请他们多生一个孩子的现象，但总体来讲，男孩偏好降低。

村里人常说一句话“金子一块儿就行了，土疙瘩一堆也不行”。言外之意就是，孝顺的好孩子有一个就够了，不孝顺的再多也没用。他们对子女的数量、性别不再像过去一样执着。那些过去一定要生男孩、在孩子小的时候对男孩有所偏爱的父母，进入老年之后，也基本能做到男女平等。比如许M出钱给每个女儿买了一条金项链，觉得女儿们出嫁前也为家庭付出过，同时以这种方式保持和女儿们的良性互动。同村居住的一个女儿遇到经济困难时，许M夫妇出让了5亩土地给她种，且不收租金。

案例9　坚决自养

魏B，男，1946年生，三代单传，孙女25岁。老两口曾鼓励儿媳妇再生一个，儿媳妇没有答应，后来他们对此事的看法也趋于理性。儿子结婚时他们承诺给儿子媳妇在县城里买房子，可几年过去魏B也没有兑现诺言。儿媳妇生气了，一个人在城里租房子住，和儿子闹离婚，可魏B老两口不为所动，他们理解儿子夹在父母和媳妇中间的尴尬，但不愿为了儿子把自己的养老钱都搭进去。儿媳妇闹了一年多，逐渐安静下来

> 了，但还是不能原谅公公婆婆，说他们不能动的时候，她不会养老。而婆婆却说："我给她买了房她也不会养我，她不仁义。"魏 B 妻子 2018 年去世，魏 B 几个月后续弦，找了一个比他小七八岁的老伴儿。他和新老伴儿在县城里租了一个装修好的车库居住，每月租金 200 块钱。魏 B 做过村党支部书记，每月能领将近 2000 元退休金，退休金归新老伴管理。两个女儿也给他一些零花钱，村里的土地他都给了儿子耕种。

男性、女性在中年丧妻或丧夫后，再嫁或续弦是非常普遍的现象，但过去魏村 70 岁以后再续弦的男性或再嫁的女性几乎没有。魏 B 在妻子去世两个月后就开始相亲，不到一年的时间就确定了新老伴。他们没有领结婚证，只是搭伙过日子。女方 60 多岁，家住距离魏村不到 10 公里的村庄，据说和儿媳妇相处不融洽，所以愿意找个老伴。魏 B 的两个女儿都在县城有工作，她们非常支持父亲找个人共同生活，并愿意为此承担一些经济支持，这样可以免去她们的照顾和担心。儿子觉得母亲去世时间太短，不愿意父亲在短时间内找伴侣，但因为姐姐妹妹支持，他也就默认了。

当下农村的老年人在妻子或丈夫去世后，男性通常会再找一个伴侣，因为他们需要照顾；女性如果判断子女们能够为其养老，通常不会再找伴侣，即便找，相伴不结婚已经成为农村老年人找伴儿的新风尚。不结婚就不涉及财产分割，但魏村及附近农村的"价格"是男方需要每月为女方提供 2000 元左右的生活费。生活费的多少由老人双方和双方子女确定。魏 B 将每月近 2000 元的退休金全部交由新老伴保管，日常的开销由两个女儿承担。魏 B 夫妇过去和儿媳妇的关系没有处好，而且儿媳妇又扬言不为他们养老，因此他们和两个女儿的关系相对亲近一些。大女儿生活不错，在经济上提供更多的支持；二女儿生活不及大女儿，在母亲生病去世之前，提供了更多的日常照顾。相比之下，儿子的功能没有两个女儿体现得明显。两个女儿的帮助和支持使魏 B 增添了不靠儿子的决心。比起和女婿的关系，和儿媳妇相处更困难些。尤其在妻子去世前，两人的病痛、生活上的一些烦心事更愿意和女儿讲。嫁出去的女儿不再是泼出去的水，魏村的老人们通常和女儿维持比较和谐的关系。

老年男性、女性再婚或搭伴儿有些要素。首先两人都相对健康，男性经济上要过得去，比如魏 B 有退休金，是能够找到一个人陪伴的决定性因素。若老年男性自己没钱，就要看子女愿不愿意出钱帮他找个长期陪伴的女性。

此外，人均寿命的提高也是老年人愿意找个伴侣的原因。比如魏 B 的新伴侣说："我 60 多岁，按 80 岁寿命算，还有十多年的生活要过。找个人一来可以说说话，二来不用过多依赖子女。"老人的伴侣关系少了年轻人婚恋的冲动、情感、感性等因素，更多是双方的理性选择。

学界将老人的这种同居生活称为搭伴养老，这种养老模式开始较早，优点是能够给老年人留下心理缓冲期，能够让社会支持脆弱的老年人在精神世界里"伸缩自如"[①]。这也许是魏 B 在老伴儿去世后迅速选择搭伴养老的原因。

三　性别偏好的变化

无论是许 M 还是魏 B 的案例，都可以看到老年人的性别偏好在发生变化，他们不是转向女孩偏好，似乎是一种儿子"有更好、没有也行"的态度。在"传宗接代"的家族任务和"养儿防老"的现实问题中，老人们的性别偏好逐渐趋于理性。

性别偏好是家庭或夫妻对所生子女某一性别的偏爱。通常认为性别偏好分成两种：一种是纯粹个人喜好某种性别的儿童，是个人选择；另一种是父权主义家庭制度中的那种极端的儿子偏好，这是一种群体心理固结（Fixation），反映出妇女在家庭中低下的地位，是性别歧视的体现，是落后的社会现象。[②] 这实际上确定了性别偏好的两个极端，即个人化的心理满足和社会性的文化支配。在我国，性别偏好依然以男孩偏好为主导，已有关于性别偏好的研究大多偏向于对男孩偏好的分析。

联合国采用的出生性别比的正常值域为102—107[③]，我国七次人口普查的性别比分别为 107.6、105.4、106.3、106.6、106.74、105.20、105.07。按照这一数据，我国人口出生性别比一直维持在正常值域。人口学家信奉大数定理，对他们而言，由异质性个体构成的群体中存在稳定的性别偏好，这种偏好影响群体的生育行为，进而关联到群体的出生性别比。因此，人口学家的性别偏好是一种被抽象出来的、同质化的社会事实。社会学家则首先将性别偏好置于一定的时空坐标之中，这一概念对应的社会事实并不是同质性的，

---

① 姜向群：《"搭伴养老"现象与老年人再婚难问题》，《人口研究》2004 年第 3 期。

② 李冬莉：《国外的性别偏好研究以及对我们的启示》，《人口研究》1998 年第 1 期。

③ United Nations, *Method of Appraisal of Quality of Basic Data for Population Estimates*, Manual Ⅱ, 1955.

而是充满了多种可能。

有关性别偏好的研究基本处于两种主题之下，一是出生性别比异常；二是传统生育文化。在建构和解释社会变迁与性别偏好这两个变量之间的关系时，假设社会经济、文化的变迁，社会保障制度的完善对男孩偏好产生了很大冲击，性别比偏好逐渐趋于平稳。魏村2000年以后结婚家庭的出生人口中，男性24个，女性26个，出现了女多男少的局面。而从生育胎次、性别次序等分析，依然不能说魏村家庭出现了女孩偏好，但是性别偏好发生了转变，村民对孩子性别不再执着，传宗接代的观念也发生了很大变化。

（一）经济变迁对性别偏好的影响

从贝克尔的《家庭论》来看，一个家庭的生育行为是一种典型的经济行为。

> 虽然家庭收入、父母的时间价值、孩子的质量、兄弟姐妹的数量和其他家庭变量都影响对孩子的需求，但生育率始终主要取决于经济因素，孩子是双亲拥有的“耐用消费品”，生育孩子与否以及生育数量的多少，在很大程度上取决于比较成本，如果生育第一个孩子的成本和收益分别小于不生育孩子的成本，那么，生产孩子就有利可图。如果一个孩子和两个孩子获取的预期总收益一样多，那么，就会出现提高质量、减少数量、用质量代替数量的行为，这也是当今西方国家出生率降低而对孩子投资增加的主要原因。①

用经济学的“成本”“收益”解释家庭生育行为，难免不近人情。但是，从既往对男孩偏好的研究，尤其是对以村落为场域、男孩偏好为惯习的研究看，男孩偏好除受文化中的传宗接代等因素的影响外，更重要的是家庭经济生产对男性的需求。在以体力劳动为基础的产业结构中，家庭作为经济体对男性的需求远远大于女性。同样，在城市中，以初级加工为基础的工厂，对体能的需求大于对技巧的要求，这使男性在就业中更有优势。如宁夏西海固地区常年干旱缺水，在西海固生活的农民有强烈的男孩偏好，干旱导致土地常年没有收入，孩子的高中辍学率高，男孩在18岁左右外出打工，补充家庭

① ［美］加里·斯坦利·贝克尔：《家庭论》，王献生、王宇译，商务印书馆1998年版，第5页。

的经济支出，女孩则在较早的年龄出嫁。当地的男孩偏好除文化原因外，更是家庭对劳动力的需求。

随着农业技术的进步和产业结构的调整，农业生产不再局限于简单粗放的体力劳动，机器逐步代替了人力和畜力，农业生产中对体力要求较早期大大下降，进而对农村的男孩偏好产生影响。城市中，第三产业所占比重逐渐提高，社会服务业对劳动力的需求逐渐加大，女性在服务业以及精细加工行业中的就业优势明显好过男性。劳动力市场中对女性的性别偏好有助于社会性别建构中的平衡，女孩和男孩同样能为家庭带来收益，甚至女孩更有优势。也有研究表明，拥有男孩能够激励父代更努力工作，并获取更多收入。① 这里激励父代更努力工作的一个重要因素是养育男孩的成本及其成家立业时的花费。因此，从成本、收益的角度出发，男孩偏好处于逐步消减的状态，当然，其中要排除文化因素的影响。我国传统的文化习俗和生育政策等大环境依然对性别偏好发挥着作用。

（二）社会保障制度对性别偏好的影响

我国的传统文化和法律法规，都将赡养老人视为子女义不容辞的责任，所谓“养儿防老”。在多数家庭中，赡养老人的责任在子女中是有分工的。如父母年迈，需要子女的帮助时，经济和体力劳动依赖儿子；在照顾方面则主要依赖女儿。简单地说，就是儿子出钱、出力，解决经济上的支持；女儿则要满足父母精神上的慰藉。

随着社会保障制度的逐渐健全，城乡居民都有了基本的医疗和养老保险，“城乡居民医疗保险”和“城乡居民社会养老保险”两个制度的实施在很大程度上解决了农村和城市低收入人群的经济支持和保障问题。低保、临时救助等社会保障和福利制度的补充，也在经济上极大帮助了有需要的人群。如果养老方式对生育偏好有影响，那么在社会保障制度解决老人的经济需求后，老人年老后就更需要生活上的照顾和精神上的慰藉。而这两者的提供，女儿比儿子更具有优势。

---

① 刘厚莲：《男孩偏好激励父代挣取更多收入了吗？——基于子女数量基本确定的情形》，《中南财经政法大学学报》2017 年第 1 期。

事实上，20 世纪 80 年代，费孝通对江村家庭的研究就发现普通的人家不仅有儿子，而且还有女儿，有两个以上儿子的人家是极少的，第三个儿子一般不留或给人。[①] 虽然“养儿防老”，但家庭用控制儿子数量的办法以实现家庭财富的有效分配。女儿没有继承权，也就不承担养老的义务。社会保障制度能够部分地缓和在财产分配和养老责任之间的博弈，同时对传统的男孩偏好带来严重挑战。

（三）社会文化的变迁对性别偏好的影响

在传统的父系社会中，“嫁出去的女孩、泼出去的水”，女孩一旦出嫁，与原生家庭是一种疏离的关系，婆家和娘家之间也以“彩礼”等形式对女孩的劳动进行收买和买断。家庭少子化后，在分家析产时不需要再考虑几个子女之间的平衡与公平性问题。孩子结婚时，无论男孩还是女孩的父母都尽量将资源整合到小家庭的组建上。在很多地区已不再存在“彩礼”等行为，魏村如今对“彩礼”也有了新的注脚，下编将提到。女孩及其家庭既没拿婆家的钱，又能在经济上独立，这样在对自己的父母进行反馈时，就显得更加从容。所谓的男女平等，或女性社会地位的提高，更多体现为女孩能够得到资源的分配和对女性“社会性成人”的认可，即女性参加社会生产和劳动。[②]“社会性成人”让女性变成“家里家外的一把好手”，也使她们有资格和能力保持与原生家庭的联系，女孩和其父母的联系甚至超过男孩。虽然第一代独生子女家庭的父母还没有进入需要特殊照顾的老老期，但子女结婚后陷入“空巢”状态的家庭，依然需要得到陪伴和精神方面的慰藉，这样，女孩作为女儿和儿媳妇的地位就显得极为重要。养育是一个互惠的过程，女孩天生的细腻相对能够使父母在养育过程付出的辛苦得到及时回馈，这也是有女孩偏好人群的一个重要参考指标。

另外，我国传统“父权制”下的三从四德、男尊女卑等规范发生了天翻地覆的变化，女孩婚后不再遵照这些规范“如履薄冰”地行事。费孝通在 1982 年就提到，城市中正在发生偏离父系的传统体，而出现女儿结婚后与父

---

① 费孝通：《家庭结构变动中的老年赡养问题——再论中国家庭结构的变动》，《北京大学学报》（哲学社会科学版）1983 年第 3 期。

② ［美］凯琳·萨克斯：《重新解读恩格斯——妇女、生产组织和私有制》，载王政、杜芳琴《社会性别研究选译》，生活·读书·新知三联书店 1998 年版，第 19 页。

母同居、形成实质上属于女系性质的扩大的家庭。[①] 当下即便“招赘”“入赘”等词汇在多数地区，尤其在城市正在消失，男孩婚后和妻子共同在岳父岳母家生活的现象很普遍，但这不再被称为“入赘婚”，而是“养儿防老”和“养女防老”并举的现代家庭形式。

（四）生育政策对性别偏好的影响

经济、社会、文化的变迁对男孩偏好产生一定的影响，但并不意味着男孩偏好的消失，而且计划生育政策确实会影响生育行为，造成出生性别比偏高的问题。[②] 比如1984年起采取的“一孩半”生育政策，即农村第一孩为男孩的不得再生，而第一孩为女孩的农户在间隔4—5年后允许生育第二孩。据调查“一孩半”政策实施的地区出生性别比高达124.7，主要原因是，有19.1%的一胎女孩夫妇做性别鉴定保生二胎男孩。

2015年全面实施“一对夫妇可生育两个孩子”，2021年进一步优化生育政策，实施一对夫妻可以生育三个子女政策后，可以观察到，一胎为女孩的家庭，生育二胎的意愿更强烈；而一胎为男孩的家庭，生育意愿则较弱。一方面不排除“男孩偏好”对生育意愿的影响，即男孩为满意孩子性别；另一方面，劳动力分工、就业市场的性别构成、财产继承制度、宗教规定的行为规范、婚姻和家庭的组成机制等都对生育意愿产生影响，如新家庭构成时男孩及其父母所需付出的成本等都是决定其是否再生育所考虑的因素。一胎是男孩的家庭，有生育“错误性别”孩子的担心而不愿冒险的心理。基于全国12个城市1487名符合二孩生育条件者的调查结果也显示，二胎申请者中女性年龄主体相对年轻，其现有一孩的年龄相对较小，其中女孩的比例相对较高。[③]

实施二孩政策后，家庭不像“一孩半”政策一样具有性别倾向，但如上文提及的，一胎出生性别直接影响婚育家庭的生育意愿。通常来看，一胎是女孩的家庭生育二胎的意愿更强烈，如果生育二胎的性别是随机的，二胎政策不会造成性别失衡，但如果技术可及，生育性别选择的成功概率越高，出

① 费孝通：《家庭结构变动中的老年赡养问题——再论中国家庭结构的变动》，《北京大学学报》（哲学社会科学版）1983年第3期。

② 刘华、钟甫宁、朱晶、王琳：《计划生育政策影响了出生性别比吗？——基于微观行为主体的考察》，《人口学刊》2016年第4期。

③ 风笑天、李芬：《生不生二孩？城市一孩育龄人群生育抉择及影响因素》，《中共中央党校（国家行政学院）学报》2016年第1期。

生性别比失衡的问题越严重。从目前的二胎生育现象观察，存在性别选择技术的可及，社会依然存在男孩偏好或者“一儿一女”的生育偏好，全面二孩生育政策虽然满足了婚育家庭的生育需求，但有可能激发一孩是女孩的家庭的男孩偏好。[①]

（五）家庭中的男女孩平等

从我国几次人口普查的数据可以看到，性别偏好，尤其是农村的性别偏好依然存在，但是趋于稳定态势，部分地区甚至出现女孩偏好。二孩、三孩政策出台后，有媒体对天津市的生育偏好做了调查，结果显示儿女双全是人们的一种美好愿望，但是，天津市居民整体上表现出女孩偏好倾向。[②] 关于全国 12 个城市 2536 名“双非一孩”育龄妇女的调查数据也显示，在“双非一孩”育龄妇女中，只有 26.9% 的人想再生一个孩子，而她们的二胎生育抉择已经摆脱了传统的性别偏好的影响。[③] 但在农村，通过对全国 31 个省份 267 个村庄 3678 个农户的调查显示，48.80% 的农户希望生育男孩，42.10% 的农户表示生男孩或女孩都无所谓；9.10% 的农户有女孩偏好。生男孩的偏好远大于生女孩的偏好。[④] 同时也可以看到，尽管有较高的男孩偏好比例，生男孩或女孩无所谓的农户也较多。

“养儿防老”是我国的传统观念，如果不以防老为条件，那生育偏好更趋于一种自然选择。不同群体生育男孩或者女孩的偏好，在某种层面是为自己提供安全保障，其中包括养老、医疗、精神陪护等诸多保障。如果有一些公共物品，比如完善的社会保障制度、健全的社会服务能够替代子女对不同人群的保障需求，势必动摇人们的性别偏好。既往以村落为场域的性别偏好研究，主要是由于村落的性别偏好较为显著，其显著原因是我国的社会保障制度率先在城市建立和发展，而农民只能依靠子女和土地提供保障，这样一来，子女的性别直接决定个体的养老、医疗等安全系数，这一群体自然会出现显

① 石贝贝、唐代、盛候蔺：《中国人口生育意愿与男孩偏好研究》，《人口学刊》2017 年第 2 期。

② 《“二孩”时代生还是不生津城双非家庭意愿最低》，http://news.enorth.com.cn/system/2016/03/31/030898046.shtml，2017 年 8 月 16 日。

③ 龙书芹、陈海林：《城市“双非一孩”育龄女性的就业状态对其二胎生育抉择的影响》，《东南大学学报》（哲学社会科学版）2017 年第 3 期。

④ 余碧艺：《农村居民生育性别偏好及其影响因素的统计分析》，《兰州财经大学学报》2016 年第 3 期。

著的性别偏好。

社会保障制度在农村建立自然会消减农民的性别偏好。如果将“传宗接代”“多子多福”等理解为受经济条件约束而建构的“文化”的话，社会保障制度的建立对性别偏好的影响将更为明显。

无论如何，性别偏好在我国依然存在，但生育作为一种社会行为，性别偏好自然会受社会环境影响。如有研究证明当某个地区性别比增高，该地区个体对生育男孩的偏好程度将会下降。性别失衡会通过加剧婚配竞争影响个体生育偏好；婚配竞争压力越大，或者家庭承受婚配竞争压力的能力越小，性别失衡对个体生育男孩偏好的削弱作用就越显著；反之则小得多甚至不显著。[①] 可见，社会对性别比有一个自然的平衡机制，性别偏好短期内不会消失，而且在生育政策调整期还会波动，但总体看来，随着经济社会的发展和社会保障制度的健全，性别比会趋于平衡。

魏村的中青年夫妇中，最少一孩，2000 年之后结婚的家庭，最多两孩。访问中青年夫妇的生育意愿时，普遍答案是“男女都一样”。继续追问，年轻夫妇也谈到“养儿防老”。他们说：“种地需要男孩子，但现在的小孩也不种地了，所以，只要孝顺听话，男孩女孩都一样。”

第二节　代际“互惠”关系的重塑

无论经济社会如何变化，父母对子女的抚育任务没有发生变化，并不断对抚育质量进行自我要求。而子女对父母的赡养行为一直在变，“养儿防老”“儿子养老”“儿女都养”“儿女均不养”都在魏村发生过。

一　反馈模式与接力模式

在社会学家看来，家庭养老实际上就是一种代际交换。潘光旦先生把中国传统的代际关系归结为双向抚育模式，即“甲代↔乙代↔丙代↔丁代”的模式。[②] 费孝通则将这种模式称为“反馈模式”，以区别于现代西方的“接力

① 董志强、钟粤俊：《性别失衡如何影响生育偏好》，《劳动经济研究》2016 年第 5 期。

② 潘光旦：《关于祖宗父母者》，摘自《潘光旦文集》(9)，北京大学出版社 2002 年版，第 357 页。

模式”：

……西方的公式是 $F_1 \rightarrow F_2 \rightarrow F_3 \rightarrow F_n$，而中国的模式是 $F_1 \leftrightarrow F_2 \leftrightarrow F_3 \leftrightarrow F_n$。（F 代表世代，→代表抚育，←代表赡养）。西方是……“接力模式”。在中国是……“反馈模式”。这两种模式的差别就在于前者不存在子女对父母赡养这一义务。

……

上面这样的分析未免过于简单化，因为亲子关系的内容是丰富和生动的……西方子女对父母在感情上和经济上的资助还是存在千丝万缕的联系……西方的家庭结构的确比中国更为单纯些。①

两种模式反映了现代西方与传统中国在职业流动、家庭经济结构、制度性保障、主流道德形态等方面的差异。两种社会的结构性差异最终导致家庭对老人支持的内容与强度的不同。在“反馈”模式下，父代养育子代，子代在父代年老时给予反哺。这种反哺不但包括物质上、经济上的反哺，而且包括生活上的照料和精神上的抚慰。在“接力”模式下，父代养育子代，在他们年老时要保持经济上的独立，但仍然会得到子代的照顾。父代、子代是平等关系，子代对父代支持的内容集中在精神层面。

二　代际“互惠”的转型

自汉代以来中国就出现了“诸子均分”的财产继承制度。以在直系家庭中的情形为例，父母将自己的财产按儿子的数量等分，同时为自己留出养老的那份；某个儿子通常要和父母一起生活，组成直系家庭。作为对这个儿子孝敬父母的回报，他有权继承用于父母养老的那份遗产。但家庭的基本功能是抚育后代，父母在完成抚育责任后，并不一定得到同等的回报。于是，在这种财产的代际传递之外，传统社会还要通过孝道的宣扬和父权制的安排来实现“家庭养老”的功能。

但我们看到，新中国成立以来的现代化过程冲击了父权制的社会基础，

① 费孝通：《家庭结构变动中的老年赡养问题——再论中国家庭结构的变动》，《北京大学学报》（哲学社会科学版）1983 年第 3 期。

孝道也面临着各种社会思想的竞争。"孝敬父母"作为一种不可置疑的强制性义务无法在新的家庭关系中实现。像在史L家三代女性身上体现出的那样，代际间的"孝顺"因家庭关系的转型而出现了"断裂"。在这种代际权力的变化中，父代先是处于被动的地位，然后积极采取行动维护自己的利益。于是，老人自养成为父子两代共同的选择。正如交换理论的经典论述所称的那样，交换的动力来自对回报的渴望，一旦回报中断，这种（交换）活动就会停止。[①]

老人自养解决了老人经济独立的问题，也为子代家庭的赡养责任"松绑减负"。但父代、子代仍然互相需要，父代需要子代给予一定的精神慰藉，同时也期待子代在自己老老期有需要时能够给予照顾。子代也需要父代对抚育孩子施以援手，新一代家庭也期待父代的经济帮助。父子两代通常形成几方面的合作。

首先，父代、子代间在农业生产中合作。这种合作首先源自一种社区情理[②]，即虽然老人和子女们分家另过，但仍然是一家人，有相互扶助的基本义务。若此时和其他人家的人进行合作，则被认为有悖于人之常情。同样，在这种生产合作时，只把握基本的公平，而不计较细节的多少。通常老人付出得多一些，这可以解释为父母对子女无私的赠予，也可以解释为父母有意维护和子女的关系。

其次，儿子、女儿对老人生活的不同方面进行支持。尽管农业生产已经机械化、半机械化，在像搬运粮食等对体力要求较高的劳动中，子女有义务替父母分担，而父母也有"权力"要求子女替自己干这种活。子女不帮忙、老人不"言语"都是两代人关系疏远的信号，这会给双方带来精神和舆论压力。生活在父母身边的儿子还有经常到父母屋里"坐坐"的责任。相比而言，女儿比儿媳妇更能体察到老人的情感变化，她们不定时的探望给父母带来许多安慰。于是就出现了这种情况：儿媳妇与公公婆婆的关系比较疏远，但她作为女儿与娘家关系亲密。

最后，子女和老人之间在经济上互相支持。老年父母有重大疾病时，子女们按照各自的经济情况进行分担，或者均摊。比如魏村有个老人70多岁，

---

① ［美］彼得·布劳：《社会生活中的交换与权力》，孙非、张黎勤译，华夏出版社1988年版，第169页。

② 杨善华、吴愈晓：《我国农村的"社区情理"与家庭养老现状》，《探索与争鸣》2003年第2期。

心脏做支架手术。他和老伴有20多万元存款，但子女并没有让老人出钱，而是选择分担。老两口日常属于“省事”的老人，生活上能自力更生，经济上能自给自足，老人偶尔生病，子女不会推脱尽孝心的机会。手术总共花了1万多元，除去报销部分外，老人将钱给了大女儿，请她分别还给各个儿女，说：“我们有钱，需要你们用钱的时候再说。”魏村人之间的日常借贷利息是1分钱，如果子女需要用钱，有时也向老人借钱。老人通常会借出，且不要利息。

案例10 受子女尊重的新老人

王C，73岁，老伴儿68岁。有两儿两女、80多亩土地，两个儿子分别在2001年和2010年结婚，他给两个儿子平均分出60多亩土地，自己剩20亩，分家前他有2辆大型拖拉机，春、秋为农民耕地的利润颇大，但他也毫无保留地分给两个儿子，并主动为儿子们联系业务。因此，尽管他脾气不是很好，但很受儿子们的尊重。如今王C用自己的收入所得投资妹妹的运输生意，也有一定收入。

魏村的其他老人在分配土地时也和王C一样，根据自家的土地数量和自己的劳动能力为自己保留适量的土地，土地的数量绝不超过分给儿子们的土地数量，除土地之外的其他财产一般也会分给儿子，老人的住房通常比儿子们的差，即使外部结构一样，室内装修也有很大区别。也就是说，老年人不会单纯因为养儿可能不防老的事实而占有大量的财产，引发家庭矛盾，为自己的老年生活带来麻烦。

对于子女来说，老人的自我照料和关照子女的能力越强，越受子女尊重。王C保留少量财产，对子女的付出不遗余力。他不太认同许M夫妇的行为，认为他们的做法有点自私，容易得罪儿子。言外之意，王C在付出时，期待儿子们在他需要时，能够给予反馈。相比魏村的多数家庭，王C的经济实力较强，所以他对女儿同样关照有余。两个女儿分别于1996年和2005年结婚，王C不但不要彩礼，还为每个女儿准备了几万元的嫁妆。迄今，王C老两口还没有给子女们添过任何麻烦，他们没生过大病，生活能够自足自理，并且还能为子女提供一些经济和经验支持，和子女的相处也比较融洽。

“不要彩礼”是针对父母不再留存“彩礼”的说法，具体“彩礼”形式的演变在婚姻编谈到。魏村2000年之前，尤其1995年之前，两家人“结亲家”通常由双方家长谈判“彩礼”，某种程度是对女家父母养育的“买断费用”。女儿出嫁后，主要承担夫家的责任。进入2000年后，“不留存彩礼”的家庭越来越多，条件好的家庭还为女儿准备体面的“嫁妆”，这种变化与经济社会文化的变迁有关。女儿参与社会劳动，有相应经济收入，在婆家的地位提高，并能够为娘家尽一定职责，女儿虽不单独养老，但照顾老人并不罕见。

1983年，费孝通谈我国家庭结构变迁时举自己同女儿女婿共同生活、相依为命的情况，并指出了一个令人瞩目的新趋向：我国家庭的构成正由婆媳共处转向母女共处。费孝通说：

> 我把女儿、女婿招来一同生活，过去是不能这样做的。女儿要嫁出去，我要从哥哥那儿要一个孩子来继承我。现在不同了，因为家庭结构在变化，已经从过去的财产继承转向以感情为基础。鉴于目前托儿事业发展得还不那么理想，雇用一位保姆的花费往往比本人的工资还高，使得大多数青年夫妇需要一位老人。所以，现在年轻小伙子找对象，常常要问有没有丈母娘？生了孩子好有处放，这甚至成了挑媳妇的一个要素。因之现在女儿偕同女婿同妈妈住在一起的多起来了。我国的传统观念是父系，现在却产生了家庭关系的变化。在不同地区、不同阶层转移的速度取决于传统伦理观念保持的强度。但可以看出一个趋向，一个家庭结构由婆媳共处转向母女共处的趋势，这是一个耐人寻味的社会现象，值得我们认真研究。①

十年后，魏村当时处在初老期的老人们几乎也看到费先生提出的问题。魏村的老人们与出嫁的女儿联系紧密，而且女儿还是养老的重要支持者。所以，父母们不但注重维持和儿子的关系，也注重维持和女儿的关系。

有考察我国家庭代际关系的特征及其形成机制的研究发现，身处中国特殊社会结构和个体化进程中的代际关系主体双方，一方面想寻求个体的自由；另一方面又不得不受孝道文化中关于家庭责任的一整套生活逻辑以及与养老、抚育相关的社会制度的制约。家庭代际关系成为个体抵御风险的最后堡垒。

① 金马：《费孝通教授谈我国家庭问题》，《父母必读》1983年第1期。

多数代际关系主体在结构和个体之间努力寻求一种平衡，选择形式各异的代际居住形式，形成了转型期特有的流变的家庭代际关系。① 代际关系有变化，但魏村人依然表现出对代际关系的重视。

三　“弱”反馈模式

强调父权、孝道的“反馈模式”和强调平等、自立的“接力模式”都不能完整地反应目前魏村家庭养老的特征。如果说两种反哺行为分别是一种强制性义务和一种不一定会实现的隐形契约，那么魏村的家庭养老对子代的责任界定应当在二者之间，可以称之为“弱”反馈模式。父代、子代的收入虽然分开，但要在生产过程中进行合作。尽管自我养老的老年人已经同子女分开居住，但有一些就聚居在一个村落之中，甚至可能生活在同一个院落、同一栋房子里。他们这种“分而未离”的居住格局自然形成频繁的交往与互动。而在这种日常交往中，父母可以不断地从子女那里得到生活上的照顾和精神上的安慰，当然子女也可继续从父母那里得到支持和帮助。

目前，魏村的养老已由 A 状态（反馈模式）过渡到 B 状态（弱反馈模式），C 状态（接力模式）短期内不可能实现，但终将是现代化的趋势。

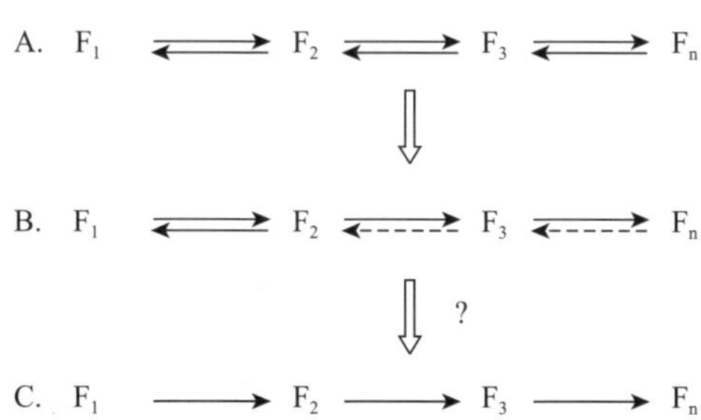

图 3－1　弱反馈模式

注：F 代表世代，→代表抚育，←代表赡养，←--代表弱赡养关系

传统的生育动力是“传宗接代”“养儿防老”，而养儿防老的一个必要条件是子代在成熟后依然和父代继续生活在同一个家庭结构中，很显然，人口流动对养儿防老带来严重挑战。“养儿防老”的另一个挑战是父代、子代之间的彼此依赖程度降低。传统的“养儿防老”是建立在农业经济基础上的，是

① 石金群：《转型期家庭代际关系流变：机制、逻辑与张力》，《社会学研究》2016 年第 6 期。

基于土地上的反馈模式，小农耕作需要高度合作才能完成田间作业和家庭经济维持。一旦这种反馈模式的基础动摇，家庭便开始调整和适应进而产生新的养老文化。第一，父母不再完全依赖于子代的孝道；第二，新一代父母选择独居而不选择随哪个儿子生活已成为趋势；第三，孝道所赖以生存的基础在社区及家庭内部都有了新的认识。

养老观念的变化有经济支持作为基础。实行家庭联产承包责任制后，农民在土地承包期内，可以以转包、转让、出租、入股、互换等土地流转方式将承包土地的使用权转移给第三方，使土地变现的速度加快。农业税减免、免费义务教育的实施、城乡居民医疗和养老保险制度的嵌入以及政府帮助购买的农业保险等减轻了农民负担、增加了农民收入，使农村家庭的抗风险能力相对增强，这些都增添了老人自我养老信心。传统家庭中所谓的孝道是建立在家长制基础之上的，如今，老人以经济独立作为权威的替代品，孝道也自然会建立在老人独立的经济基础之上。新一代老人对“家庭养老”不如人意的逻辑已深谙其道，他们尽量维护自己权威的替代品，所以，养老观念的变化一半是时代的变迁；另一半是老人的被动选择。

“养儿防老”是最朴素的代际交换，但这种代际交换因为城市化、工业化、少子化的到来而不再顺理成章。年轻一代，尤其是女性地位的崛起使老人在权力面前显得无力，孝道虽未分崩离析，但民间话语对子不养老的事实选择集体沉默。现在60岁左右的农村新一代老人，他们对“养儿防老”不再理所当然地乐观或者在情感上过分依赖子代，而是尽量选择独立并积攒养老资本，为自养做打算。普惠制农村养老保险制度的实施为农村老人带去自养的希望。“自养”在农村开始践行，子代不说不养，父代也不说不用养，父代、子代对此心照不宣。

第三节　维持“弱”反馈模式的可能

如果将家庭核心化理解为一种现代家庭结构，那么家庭结构的现代化远发生于工业现代化之前。或者可以这样解释，工业化之前的核心家庭植根于某个社区或某种体制下而并没有原子化，多数农村社区生活的居民与同社区成员有血缘或婚姻关系。随着工业化的发生，核心家庭逐渐脱离既有的社区并真正原子化。而同样是核心家庭，其家庭关系（丈夫和妻子、父母和子女、个人及其更广泛的亲属网络之间）由在特定社区背景下的团结走向解组。这种变化过程会导致某些关系的缺席，尤其是父母和子女的关系以及个人和其他亲属网络之间的关系。

传统中国家庭的经济原则是婚前一体、婚后独立。在一个新家庭诞生之前，所有家庭成员从事相似劳动，共同致力于家庭建设，在这种情况下，个人对家庭贡献的大小并不显而易见，同时个人也没有支配家庭收入的权力，家庭资源和收入由家长支配，用于孵化新的家庭，也可以说是父权主导下的家庭计划。传统农村家庭孵化新家庭体现为修建房屋、置办彩礼、张罗婚事等。一旦新家庭诞生，便开始实施婚后经济独立的原则，原家庭分配一定数量的家产，其中最重要的是分土地给新家庭，新家庭和原家庭有一定程度的合作，但彼此经济独立。事实上，新家庭和原家庭一直保持着核心家庭的状态，在一个多子女家庭中最终只会出现一个扩大家庭。

工业化对家庭的冲击不是结构性的，而是原则性的。我国工业化同时伴随着市场化和家庭的少子化，家庭中的经济原则不再像传统家庭一样清晰，家庭成员的贡献变得显而易见，而婚后独立原则却变得模糊起来。一是工业化和市场经济可以使个人的劳动马上在工厂和市场中变现；二是女性有了就业舞台体现自己的价值，因为其在家庭中的劳动是不被计算的。由于每个人对家庭的贡献可以直接以金钱来计算，个体价值有了新的评估标准。重要的是家庭成员因为工业化、技术化而导致分离，互动减少，这样即便家庭结构没有发生变化，但依然给原家庭的管理和成员之间的情感带来重大挑战。有一项子女对中风父母照顾的研究表明，子女和父母之间的互动越强，子女越孝顺，子女在看护中风父母时就越少抑郁，因此认为互动和孝顺有助于降低抑郁。①

马克思主义理论运用经济决定论来解释经济资源如何决定社会权力，对家庭理论产生了相当强烈的影响，特别是在权力的性别差异方面。女性在家庭中的贡献在传统农业经济中没有突显出来，但随着工业和市场经济的发达，青年男女在能者多得的市场中不一定需要原家庭的投入，就可以在男女双方

① Pan, Yuqin, Jones, Patricia S., Winslow, Betty W., "The Relationship Between Mutuality, Filial Piety, and Depression in Family Caregivers in China", *Journal of Transcultural Nursing*, 2017 (5).

的共同努力下建立自己的新家庭，而这个新家庭由于没有完全整合原家庭的资源，和原家庭在赡养关系上就脱节了。

这种不整合原家庭资源的新家庭并不主流，多数农村新家庭的诞生依然需要整合原家庭资源，多子家庭的整合过程因为家庭权威结构的变化不再像父权制下一样顺利，诸子纷争的场面经常发生。独子家庭的新家庭孵化相对容易，独子婚后不会马上与父母形成扩大家庭，而是坚持婚后经济相对独立的原则。需要提到的是，婚后经济独立是代际双方的共同选择，在传统家庭中，独子家庭婚后与原家庭往往是经济一体的。

新的养老模式必然有其赖以维持的基础，以下几个方面对新模式的产生及维持有重要作用。

第一，土地变现的速度加快。实行家庭联产承包责任制后，农民在土地承包期内，可以以转包、转让、出租、入股、互换等土地流转方式将承包土地的使用权转移给第三方。魏村以土地为基础自养的老人就抱着未来将土地出租换取现金的态度。另外，在市场经济条件下，开放的农产品流通体系使农民可以足不出户就销售掉自己的农产品，如今农产品更是不用收割就可以按亩估价卖出。因此，选择在土地基础上自养的老人不担心农产品的销售问题。尤其在农产品形成规模生产的地方，销售更加容易。而且，老人在种植时，会有意选择低劳动投入、好销售的种植项目，比如向日葵、玉米、小麦等。

第二，农村家庭抗风险能力的增强。农业税减免、免费义务教育的实施以及城乡居民医疗和养老保险的制度楔入减轻了农民负担，增加了农民收入，使农村家庭的抗风险能力相对增强。另外，目前五原县农村几乎没有以户为单位的各种税费。部分种植、养殖税及水费等都以种植、养殖量及使用量计算，因此，家庭一般不会再为降低某项费用而产生以“户”为单位的联合。

第三，家庭道德观并没有分崩离析，它还在约束着人们的行为。道德最一般的基础和根源在于人和人既对立又统一的关系，任何时代人们的伦理价值取向都是多元的，善恶始终并存于人类社会之中。① 传统家庭中所谓的孝道是建立在家长制的基础之上的，家长权威衰退并非孝道的衰落，而是失去了其赖以生存的基础。如今，老年人以经济独立作为权威的替代品，孝道也自然会建立在老人独立的经济基础之上。另外，社会对美德、对孝道的宣传自

① 熊慧君：《论道德的基础和根源》，《求索》2004 年第 9 期。

有其价值所在，而且子代的行为会被社区自然地与外界的道德言说相配对，因此，道德依然会约束着人们行为，促进两代家庭之间合作与互惠，使目前的养老模式得以更好地维持。

科尔曼（James Coleman）关于“经济人”的讨论中认为，行动者有目的地寻求达到目标的手段，而目标和行动是由行动者的价值和偏好形塑而成的。此外，行动者被认为总是选择那些能够满足效用和需求最大化的行动。[①] 家庭养老中，似乎能看到“经济人”的影子，但我们又必须承认新的养老模式并没有背离中国传统的家文化和家庭道德轨道。经济社会的发展允许子代追求独立的空间，也允许父代保留一些财富以摆脱和子女的“依附”关系。家庭内部成员之间的互动依然超过其他社会关系，在有需要时彼此能够精诚合作、提供支持。尤其新一代老人，通常只有一个儿子，子女总数也很少。他们并不会因为为自己的老年积累资本而忽略子女的感受，而是以一种更加“润物细无声”的方式为子女付出。彻底对父母不管不顾的子女在魏村也没有。社会的变革不是从 A 点到 B 点的跳跃，在几十年暴风骤雨的经济社会变迁过程中，每个人都在学习如何应对变迁给个体带来的影响。家庭成员观念的转变、社会保障制度的支持、农业生产的转型、生命意外的长寿以及少子化的家庭结构等，促成家庭养老“弱反馈”模式的同时，也能够给它的维持提供一定保障。

① ［美］乔治·瑞泽尔：《后现代社会理论》，谢立中等译，华夏出版社 2003 年版，第 287 页。

第四章　制度展望

大前研一在为日本社会保险制度改革提供建议时，以瑞典和意大利为例，他说瑞典国民根本不必担心自己年老后会被国家视为麻烦，所以大家都不存钱，也不买保险，赚来的钱全都毫无顾虑地用来享受生活。意大利的国民也是如此，因为他们不用担心自己的老年生活，所以想着要在去世前把钱花光，干脆就经常休假旅游。① 他认为日本老人存钱、不敢消费、没有安全感，不利于国家经济的良性运行。前面章节已经描述过，魏村，包括周围农村很多老人都是存钱的。他们不敢消费，将钱存起来以备不时之需。调查中，除了少数家庭经济困难的老人，老年家庭最少有几万元存款，最多的老人有 30 多万元存款。他们日常节俭，把存款当作救命钱。的确，一场大病，尽管有城乡居民基本医疗保险可以报销一部分（目前五原县居民医疗保险报销的封顶线为 20 万元），但报销范围以外的费用也会令他们不堪重负。

第一节　魏村老人的养老意愿与制度需求

一　养老意愿

在《老人与海》中，老人在海上遇到风险，对自己说“不管怎么样，风总是我们的朋友”，然后他加上一句：“有时候是。还有大海，海里有我们的朋友，也有我们的敌人。”“还有床”，他想，“床是我的朋友。光是床”，他

① ［日］大前研一：《低欲望社会》，姜建强译，上海译文出版社 2018 年版，第 30—31 页。

想，“床将是样了不起的东西。给打垮了，倒感到舒坦了”，他想，“我从来不知道竟会这么舒坦。那么是什么把你打垮的”，他想，“什么也没有”，他说出声来：“只怪我出海太远了。”①

魏村的老人们，有的能够父慈子孝，颐养天年；有的表现出“晚景凄凉”。老人进入老年，即进入互相比较谁家孩子孝顺的阶段，就像孩子小的时候，用糖果比谁的父母爱孩子更多一样。出海的老人，没有什么能够打垮他。魏村老人，也在时代变迁中，不断调整自己的心态，积极应对老年生活。老人寿命长了，子女是“爱”，还要加上一句“有时候是”。

魏村老人通过家庭内部的适应与整合选择了以自我养老为主的代际互惠养老方式，在认定自己的养老责任时，老人们认为自己能够自理的时候，自己承担；自己照顾不了自己了，儿女有责任共同承担，但这只是他们的主观意愿。老人真正需要子女养老时，养老的质量并不由老人掌控。因此，在正式有效的农村养老制度楔入农村并充分发挥作用之前，重要的问题依然是帮助农村老年人维持他们现有的、经过磨合的养老模式。必须认识到魏村老人的自养观念和行为是在传统的家庭养老、儿女养老模式松动，社会养老没有健全的情况下形成的，而非因其独立观念所趋。所谓自养，只是别无选择的选择。幸运的是，魏村目前自养模式下的老人在身体上均有自我照顾的能力，因此自养后所有可能的后果暂时还没有暴露出来。

魏村的老人对政府养老有期待，但不认为养老是政府责任。农民不把养老责任推到政府身上主要由于在长期的农村养老过程中政府责任的缺失使农民淡化了这种意识。另外，在 1992 年 1 月民政部颁布的《县级农村社会养老保险基本方案（试行）》的指导下，五原县也开展了相应的农村养老保险工作，但因主要靠农民自己筹钱，从集体那里没有得到帮助，政府财政也没有出资补助，所以没有激发起农民参保的积极性，五原县当时约 20 万农民仅有 1 万人参保②。1997 年，五原县民政部门推广农村社会养老保险，每人投保 200 元，共有 800 人参保。2007 年，五原县宣布政策失败，开始退付。也就是说，政府曾经对农村养老的介入并没有使农民体会到真正的实惠，因此农民对政府养老的信任度不高。魏村现年 70 岁以上的老

---

① ［美］海明威：《老人与海》，吴牢译，上海译文出版社 1999 年版，第 98 页。

② 数据来源于五原县民政局访谈资料，2019 年。

人，几乎都没有缴纳城乡居民养老保险，但 60 岁以上即能领取的基础养老金让他们倍感欣慰。

目前，五原县的基础养老金标准为：60—69 周岁每人每月 128 元，70—79 周岁每人每月 138 元，80 周岁及以上每人每月 148 元。尽管钱不多，但魏村老人从中感受到了实惠。有的老人说“钱按时就来了，比儿子给的还勤”。“勤”有高频率且准时之意，显然，老人们对此项福利高度认可，政府按时发放养老金增加了老人的安全感。

二 制度需求

把赡养老年人的责任交给子女，不仅束缚了老年人自在地花钱，同时也扼杀了子女们的其他可能性。[①] 把养老、抚育责任内化到家庭是我国的传统，同时有利于家庭的维持和稳定，但确实也带来了大前研一所说的问题，子女在老年人养老中投入的不确定性让他们不敢消费，对子女的依附也降低了子女发展的可能。日本是典型的老龄化国家，在积极应对老龄化方面，提出了“护理离职为零”的目标。虽然日本老年护理逐渐走向社会化，但是仍然有不少老年人选择居家护理。一些家庭成员为照顾和护理老年人不得不辞掉工作，这被称为“护理离职”。[②] 因很难协调工作与护理之间的矛盾，日本“护理离职”已经成为一个社会问题。护理的人一般在“护理离职”后中断收入来源而使生活陷入困境。“护理离职为零”即给子女提供工作和护理兼顾的可能，比如加强护理休假制度，但收效不明显。相比魏村，我国很多地区的农村父子两代异地别居的情况更加严重，农村变为“留守老人村”，社会、家庭、老人都需要面对“老了由谁照顾”的问题。子女回乡通常会面临离职；要想实现不离职，就需要政府在老年护理方面有社会保障的支持，后文会提到，乡村振兴或许是能让子女回得来、留得住、有工作，也能让老年人有人护理的“帕累托最优”。

中共中央、国务院于 2009 年 9 月正式启动新农保全国试点，新农保实施起，基础养老金由政府支付，规定参保人年满 60 周岁后可以按月领取养老

---

① ［日］大前研一：《低欲望社会》，姜建强译，上海译文出版社 2018 年版，第 46 页。

② 丁英顺：《日本老龄化的最新状况、社会影响与相关社会政策——2018 年版〈老龄社会白皮书〉解读》，《日本研究》2019 年第 1 期。

金，新农保实施时，已年满60周岁的，可以不用缴费直接领取基础养老金。[①] 2014年，新农保和城镇居民养老保险合并。直到今天，魏村的村民依然对城乡居民养老保险和城乡居民医疗保险的双保险制度的实施感恩戴德。他们对福利不覆盖农村有刻板映象，认为“工资”“报销”都是城里上班的人才可以得到的。如今，这两项社会保障制度的平稳实施，对他们来说是意外惊喜。他们也从制度实施初期的不愿交保险金到了按时交保险金的阶段，老人也从制度实施起对“给不给发钱、能发多久”的疑惑，到了有安全感的、欣然领取基础养老金的阶段了。袁春瑛等认为在中国目前的社会经济条件下，多管齐下，提高土地的保障能力，使传统的家庭养老保障功能得以发挥，并在此基础上立足各地实际，分类推进农村社会养老保险制度建设，将家庭养老、土地保障与社会养老三者结合起来，是今后相当长的时间内解决农民养老问题的一种理性选择。[②] 这也是符合五原县的农村养老方式。福利的增加、子女数量的减少以及收入提高，这些福利经济学中认为令穷人生活改善的条件[③]，正在魏村发生。

新农保实施后，60周岁及以上老年群体收入显著上升，在一定程度上产生减贫效应和正向代际收入分配效应。[④] 社会保障收入已经成为城乡居民收入的重要组成部分，在调节收入分配方面发挥的作用日益显著。从总体上看，社会保障制度是缩小收入差距的，但是的确存在一些扩大收入差距的制度安排。[⑤]“十四五”规划要求，要加快健全覆盖全民、统筹城乡、公平统一、可持续的多层次社会保障体系，这为我们建立满足老年人美好生活向往的社会保障制度指明了方向。有学者对今后我国如何健全和完善“三位一体”多层次老年保障体系提出以下几点设想：进一步健全养老金制度体系；大力发展基本养老服务体系；把健全老年人权益保障和精神抚慰关爱体系提上

---

① 张川川、陈斌开：《“社会养老”能否替代“家庭养老”？——来自中国新型农村社会养老保险的证据》，《经济研究》2014年第11期。

② 袁春瑛、薛兴利、范毅：《现阶段我国农村养老保障的理性选择——家庭养老、土地保障与社会养老相结合》，《农业现代化研究》2002年第6期。

③ ［英］A. C. 庇古：《福利经济学》上卷，朱泱、张胜纪、吴良健译，商务印书馆2006年版，第107—108页。

④ 洪丽、尹康：《新型农村社会养老保险政策的减贫及再分配效应》，《社会保障研究》2021年第3期。

⑤ 王延中、龙玉其、江翠萍、徐强：《中国社会保障收入再分配效应研究——以社会保险为例》，《经济研究》2016年第2期。

议事日程。①

2014年新农保与城镇居民养老保险合并，城乡居民养老保险制度建立，但农村居民的养老保险缴费档次和养老金待遇水平仍远远低于城市居民。尤其现在已处于老年阶段的老人，多数并没有参加养老保险，只有基础养老金。因此，要缓解相对贫困、实现乡村振兴、促进城乡统筹发展，应巩固和提升农村养老保险制度的实施效果。② 著名社会保障专家郑功成指出，当前特别需要客观评估已经取得的成就、存在的问题和面临的挑战，矫正工具理性泛滥、价值理性不足的思维定势，面向2035年树立战略思维、系统谋划、高效协同的新观念，以高质量发展、可持续发展为追求目标，在坚持尊重客观规律与中国国情、确保制度统一与规范、落实共建共享与精准施策的原则下，全面优化现行制度安排，加快步入法治化轨道。中国特色社会保障体系的建成，不仅能将全体人民引入共同富裕的中国特色社会主义福利社会，而且可以为人类发展贡献新的社会保障制度文明。③

无论城乡，“生活困苦的穷人，都应平等地获得救助。也许这会被人说成是只有在财政宽裕的情况下才能实现的理想论调。但对这种理想的追求本身才是政治应有之义，并且是我们这些人的社会责任。孩子、年轻人、老年人的贫困问题是缠绕在一起的，因此，若不能制定出将教育、福利、护理等不同领域协调起来的一揽子政策的话，问题就无望得到根本性的解决”④。笔者在婚姻编中提到了儿童福利政策的缺失，目前看，无论城乡居民养老保险能够在多大程度上解决老年人的生活问题，但毕竟老人有了一定程度的制度覆盖。这样，制度向上倾斜，但爱总是向下倾斜的。如果为儿童提供保障的制度缺失，那么作为中流砥柱的家庭，就不会把精力放到老人身上。笔者也提到撤校并点、城乡教育不均衡等问题产生的陪读现象所引起的家庭变化。家庭作为一个系统，这些都是结构性问题，应该在政策结构中得以完善。

---

① 王延中：《加快发展满足老年人美好生活期待的老年保障体系》，《中国党政干部论坛》2021年第4期。

② 洪丽、尹康：《新型农村社会养老保险政策的减贫及再分配效应》，《社会保障研究》2021年第3期。

③ 郑功成：《面向2035年的中国特色社会保障体系建设——基于目标导向的理论思考与政策建议》，《社会保障评论》2021年第1期。

④ ［日］藤田孝典：《下游老人》，褚以炜译，中信出版社2017年版，第137页。

第二节　魏村养老的社区参与

21 世纪以来，五原县和魏村的人口均在减少，人口流出使村庄未来预期难以建立，共同体意识无从产生，历史感不能形成。在中国现代化的长时段中，一方面，农村人口流出和市场经济对传统文化的侵蚀，不断造成村庄共同体意识的解体和村庄生活面向的外倾；另一方面，庞大农村人口的流出是一个漫长的过程，这个过程没有农村稳定是不可想象的。中央制定的土地政策和颁布实施的《中华人民共和国村委会组织法》可以看作一种建构村庄的策略。将村庄建设为相对稳定和独立的社区，可以为现代化提供农村基础。村庄共同体意识和村庄生活面向是这种社区建设的基本内核。①

魏村和五原县多数农村一样，农民基本上自己解决了初老期的经济生活，养老问题主要发生在老老期。最近几年，已有农村老人选择机构养老，老年人有土地但得不到预期子女的照顾，手里若有一定的养老资本，养老院是老人们的一个选择。魏村周边有几个小型养老机构，但仅能提供基础的生活保障服务。村民们说一位老年人心脏病发作，养老院首先通知其儿子并等儿子到场后才打急救电话。养老机构缺少合格的医护人员和社会工作者。

社区养老是魏村和周边农村的缺口。随着老年人的增多和家庭的小型化，老年人对于养老服务需求也逐渐多样化。就魏村而言，老年人养老质量的提升需要增加社区养老服务。目前，魏村的健康老人基本赋闲在家，除打麻将、打扑克、上网看“小视频”以外没有太多的精神生活和健康活动。新农村建设中，魏村建起一个村集体活动中心，大多数时间是村民打扑克的地方。魏村家庭的少子化与老人自养平行出现，且新成立的家庭大部分在县城生活，在魏村常住人口中，老年人口占比超过 40%。如何通过社区养老的形式，将魏村老人组织起来互相照顾，满足他们精神上的需求，以及子女不在身边时的互相帮助和照顾，也许是社区需要参与的部分。对农村而言，比起机构养老，社区养老或许是更好的选择。熟人社会更容易调动居民的积极性，提倡居民守望相助，充分发挥社区的功能。

---

① 贺雪峰：《新乡土中国》，广西师范大学出版社 2002 年版，第 10 页。

尽管在魏村生活的家庭有包括魏姓在内的多个姓氏，但多个姓氏的村民长期一起生活、聚居，形成魏村这样一个固定的空间单元，村里的道路、水渠、活动室等集体所有、村民共享，他们不经意间进行多种合作行动，有守望相助的基础。村域内不仅存在着某种共同的利害，村落本身也已经作为独立一层的社会组织发生作用，即作为民间社会在村域的空间单元内与家庭、家族形成互补。[①] 但这种互补始终滞留于公的部分，村庄不对家庭的养老、抚幼进行干预。他们对部分家庭在教育、养育和赡养上的不满，仅停留于闲言碎语，而未通过村规民约制度化，社区尚没有在老人养老中起到积极的促进作用。

在熟人社会中，村民极讲面子。魏村人认为，照顾老人是件“没面子”的事。魏村已经有三个家庭请过民间护工帮助照顾老人和病人，这些护工并没有专业知识，只是代子女或家人提供照顾。魏村一个女性居家照顾老人或病人的费用是3500元左右。因为农业机械化解放了大量劳动力，事实上，村里有很多闲散人员可以为老人提供照顾。如果他们愿意，既可以兼顾家庭，也可以挣一些钱。但魏村人不愿意这样做，他们宁愿外出务工，也不愿意提供照顾服务，如有妇女冬天在县城的饭店做服务员，月收入不到3000元。在摘番茄、春种时、点播向日葵等事项中，村民之间的彼此雇佣是频繁的；唯独照顾人，魏村人不愿意做。大体有三个原因：一是觉得没面子，二是害怕承担风险，三是怕达不到照顾要求邻里之间发生冲突、伤了和气。如果村民的担忧可以得到解决，那魏村的社区养老就可以推进一步。

内蒙古自治区有些县以建设互助幸福院的形式，为农村社区养老提供支持。幸福院建设除了需要政府的资金和政策支持外，还需要村委会服务、院民互助、社会参与。魏村现在除了一个村民活动中心，没有其他养老服务设施，但其他建设互助幸福院的地方，通常村民外出打工者较多，留守老人多，魏村的情况有很大不同。魏村距离县城近，多数在县城生活的子女尚可以为老人提供一定的照顾，另外，魏村本身就是一个聚落，几乎不用以幸福院的形式将老人集中起来。但魏村老人的养老需要文体活动场所，需要和村卫生室的互通，需要小型的老年公寓，当然这些也可以通过利用现有居民住宅改造。

我们需要考虑的不仅是这一代老老期老人的养老，还要考虑现在60岁、70岁的老人，他们的养老问题怎么解决。他们需要被照顾时，照料人由谁承

---

① 毛丹：《一个村落共同体的变迁》，学林出版社2000年版，第31页。

担。少子化现象严重，单纯依赖家庭成员的照顾老年生活是无法体面的。发达国家老年人的晚景悲凉也证实了养老不仅仅是经济上的安排，更需要日常的照顾和精神的抚慰。目前魏村老人的自养，也只是经济上的自养。到底在需要被照顾时能够用所积累的资本换来多少有质量的照顾，我们都不得而知。现在一个非专业护工的工资是3500元/月，10年后多少钱、多少人能够支付得起，每个人都需要对此有个预估。提前进入老龄社会的日本在完善老年人社会福利过程中，一方面不断加强法律保障；另一方面一直着重推进福利主体多元化主义，鼓励社会、社区、家庭、志愿者团体等各种社会单元积极参与老年人的社会福利事业，重点发展老年人的社区福利服务体系建设。①

本着老人的乡土情结和社区照顾的成本，老人留在社区养老或许是最好的选择。所以，无论是政府还是基层社会组织，都需要认真策划农村老人的社区养老方案。现阶段，至少可以在舆论导向上弘扬孝文化的精华，弘扬中华民族敬老、养老的传统美德，特别是教育年轻一代人要孝敬父母、尊敬老人。同时，社区也要鼓励居民之间的互相照顾、守望相助。不得不承认这种精神在魏村是缺乏的，魏村人没有志愿精神，他们也不知道什么叫志愿者，什么叫提供志愿服务。农民的本性让他们比较谨慎，他们害怕麻烦波及自己。这些农村的优势、劣势和村民的心理都需要在新老人还没有老到需要特殊照顾时，提前预防解决。

在社区养老没有开展之前，社区要鼓励老年人对社区事务的参与，比如组织老年人调解团等解决家庭、邻里之间的矛盾，也可以与周围社区共同组织一些老年人的活动，为老年人增能。政府应正视、帮助老年人解决社会生活、工作、居住等各方面的问题，加强老年活动中心的建设，在老人和社区之间建立起有效沟通的桥梁，帮助老年人增进身体和心理健康。②

第三节　农村养老模式的未来发展

从几千年前儒家学者所描述的“使老有所终，壮有所用，幼有所长，鳏

---

① 王莉莉、郭平：《日本老年社会保障制度》，中国社会出版社2010年版，第300页。

② 姜向群：《年龄歧视与老年人虐待问题研究》，中国人民大学出版社2010年版，第135页。

寡孤独废疾者，皆有所养”的理想社会开始，到党的十七大报告中提出“确保到2020年实现全面建成小康社会的奋斗目标。实现‘老有所养’，建立覆盖城乡居民的社会保障体系”，再到党的十九大报告强调的“构建养老、孝老、敬老政策体系和社会环境，推进医养结合，加快老龄事业和产业发展”。养老一直是中国社会的永恒话题，我国覆盖城乡的社会保障体系已经建立，农村社会保障制度正在经历由建立到健全的发展之路。传统家庭养老的反馈模式是“实线”的，而目前子代对父代的赡养已成为“虚线”，社会有责任，也在用尽责任将其补实。但同时，必须认识到制度在参与养老中的局限性，因此农民所赖以生存的土地的保障作用始终应当发挥。

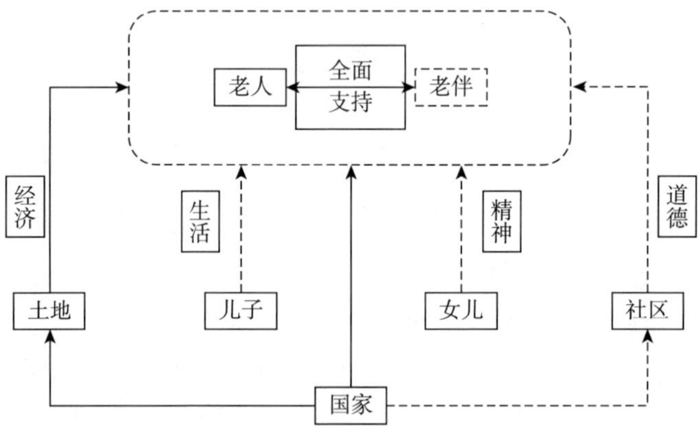

图4－1　魏村老年人自养的社会支持网络

无论老年人的养老质量如何，魏村的老人几乎不会在村民面前诉说子女在养老中的不是，更不会以法律为手段维护自己的权益。魏村的老年人并不关心《中华人民共和国老年人权益保障法》，在乡土社会中，走向法庭解决问题是解决方式中的最后选择，社区在其中有道德约束的力量，可“法不责众”，当子女对老人的赡养程度全部弱化时，社区的道德标准和约束力也会随之降低。因此，农村养老应该鼓励有劳动能力的老年人自养，倡导家庭养老与社会养老的结合。其中，随着家庭功能的弱化，老年人自养及社会养老将成为主流。而且，在一套完善的农村社会养老保险制度健全之前，要确保土地作为老年人的自养基础，国家对土地承包政策的稳定和完善使农村老人能够在土地上得到基本的经济保障。

如图4－1所示，在魏村老年人自我养老的社会支持网络中，老年夫妻是彼此之间最可靠的、能够提供全面支持的伙伴；城乡居民养老保险制度实施后，农民获得的基础养老金对农民的物质支持不可小觑，重要的是给农民提供了安全感和幸福感。

一　乡村振兴对未来农村养老的影响

农村家庭结构、代际关系、养老观念等方面的变化，均与农村经济和人口结构的变化相关。在物质能满足的时代，农村养老却遭遇了问题。年轻人的外流影响着农村老人的福祉，虽然部分生活在农村的老人可以得益于在城市里工作的子女的经济支持，但获得从前在家庭中由年轻人提供的工具性支持的机会却大大下降。

（一）乡村与老人的状况

乡村振兴无疑是农民在农村安居乐业、老有所养、老有所依的最优路径。目前乡村的状况是没有足够的经济和人力资源支撑，在经济发展相对落后的西北农村地区尤为显著。这些地区人口流出较多，农民到北京、上海、广州等发达城市或地方省会城市务工，年纪较大的农民工钟摆式流动；较年轻的农民倾尽全力留在城市，乡村空心化、老龄化、妇孺化严重，家庭呈现碎片化，邻里和亲属关系削弱，以传统农业社区为依托的家庭养老方式被撕裂，农村人气不足，年轻人甚是匮乏。

在文化和权力上，社会变迁的总体趋势是老年人在家庭和社会中被双重边缘化。在这种情况下，农村老人的养老问题尤为突出。传统是养儿防老，但农村老龄化和妇孺化意味着在现实的养老中男性，即儿子的缺位，老人的养老要仰仗留守在家庭中的儿媳妇。妇女地位的提高、家庭权力的下移、农村男性结婚的高成本都让男性在父母照顾上相对失语，依赖儿媳妇孝道的留守老人养老境况大相径庭。更为糟糕的是很多家庭子女都外出工作或生活，农村只剩老人，当老人需要照顾时，没有可及时提供帮助的子女，如果此时政府或社会无法提供支持，老人的晚年生活就会陷入险境，农村留守老人死于家中无人知晓的情况并不罕见。如果说老人“轮火头”已经在挑战传统的价值观和伦理，那老人“身在深山无人问”更显晚景凄凉。

当然，我们并不能将农村养老的灰暗状态普遍化，但是，上述老人在养老中存在的问题是存在的，只是不同地区之间有差异。在个人被边缘的家庭结构和社会生活中，老年人缺乏地位，外出务工甚至生活自顾不暇的子女有时将家中的老人认为是家庭负担，武汉大学刘燕舞等人关于农村老人生活状况的调查充分反映了该问题，不再赘述。被负担化使老人在缺乏物质帮助和生活照顾的同时，精神上也备受打击。

（二）家庭在乡村振兴中的位置

玛格丽特·米德曾说，所有文化的延续毋庸置疑要靠三代人的生存①。传统的家庭养老文化也不例外，其维持需要世代共居的生存。历史上看，“先进”社会中为满足老年人的特殊需要而采取的公共干预措施，追本溯源都是因为家庭出现了局限性。家庭是赡养老人的主体，公共干预所反映的一个事实是大家庭和核心家庭全部被削弱②。

新中国成立后，家庭的变化出现两个趋势，一个趋势是家庭碎片化，没人再负责大家庭的保护和福利，家庭治理能力下降；另一个趋势是家庭的半径增长，这也意味着家庭获得信息、咨询和技术的能力增强，但家庭成员之间互动减少。虽然家庭结构转型功能弱化，人的生活依然没有从家庭中脱离，乡村振兴要帮助家庭增强功能，将打碎的家庭重新整合起来。

目前在乡村振兴中所提到的养老战略，如“加快建立以居家为基础、社区为依托、机构为补充的多层次农村养老服务体系。以乡镇为中心，建立具有综合服务功能、医养相结合的养老机构，与农村基本公共服务、农村特困供养服务、农村互助养老服务相互配合，形成农村基本养老服务网络”③ 是农村社会化养老的战略，对老人获得家庭外的支持意义重大。农村老人，尤其老老期老人没有收入能力，除基础养老金之外无其他收入，如果有疾病且无支持，生活瞬间捉襟见肘。养老战略若能解决家庭成员缺位老人晚年生活的问题，对他们无疑是雪中送炭。但是，要解决 1 亿农村老人养老问题，对家庭的依赖还应放在首位。养老除了经济上的支持，更为重要的是生活上的照顾，而农村的社会化养老设施即便再完善，最终和家庭养老殊途同归的还是缺乏人的照顾，这一问题在现有的农村社会养老机构中已有体现。④

---

① ［美］玛格丽特·米德：《代沟》，曾胡译，光明日报出版社 1988 年版，第 21 页。

② Caro，Francis G.，“Family and Aging Policy”，*Journal of Aging & Social Policy*，2006（3）.

③ 中共中央 国务院印发：《乡村振兴战略规划（2018—2022 年）》，《人民日报》2018 年 9 月 27 日。

④ 魏霞：《农村敬老院的服务传递状况研究》，《内蒙古师范大学学报》（哲学社会科学版）2015 年第 6 期。

养老是家庭的功能，家庭养老是最节约社会成本的一种养老方式，社会转型期间，家庭的这一功能弱化。在乡村振兴中，要设法使家庭重新回到养老主力军的位置。西方早期的工业化国家也在通过如和老人共同居住免税等政策和法律制度帮助家庭承担养老的功能。就养老成本和人的情感而言，家庭也理所应当要成为解决养老问题的首位考虑。

让家庭在养老中重新补位，宣传“家文化”“孝文化”以及“老年人权益保障法规”中老人享有的权利和赡养人应该履行义务非常重要，宣传可以增加居民的法律意识和责任意识。然而，养老中不仅要强调孝文化，还要为孝道培育土壤。虽然人均寿命的提高将家庭赡养的周期拉长，同时不可忽视的是我们的经济生活水平较过去翻了几番，所以，在传统农村社区中能实现家庭养老，那么在现代社会中也应该有其实现的方法。所以，家庭养老无以为继，并不是孝文化的衰退和没落，而是农村中人的消失和家庭的变革，所以乡村振兴首先要让农村留得住人，留得住家庭，才能有效解决养老问题。

二　老龄化的转机及乡村振兴

老龄化一个直接的后果是流动速度的下降。以日本为例，日本 20 世纪六七十年代是人口流动的高峰，随着老龄化的加速，流动在下降，一是经济稳定后的人口固定；二是年龄影响流动，老龄化降低了流动频率。虽然城市退休的工作人员通常不会“告老还乡”，但在我国“衣锦还乡”“落叶归根”等词语并没有过时，随着当前城市务工人员的变老，农村人口，尤其是老年人口会逐渐增多。

老龄化带来的低流动会导致城市缺乏劳动力，同时迫使有些公司回到乡村发展，这在一定程度上有利于乡村振兴。乡村振兴要解决农村留人的问题，解决农村家庭建设问题，这样才能缓解老龄化带来的挑战。

缩短城乡差距是“农村留得住人”的当务之急。有落叶归根想法的城市人回到农村，首先考虑教育、医疗、交通以及在乡村中就业或创业等问题。因此，养老和乡村振兴中其他方面的问题是紧密相依的。如何让沉睡的农村、沉睡的土地焕发活力，涉及土地确权、三产融合、市场开发等各个方面。防止“黄宗羲定律”重现，就要降低在城市里生活习惯的农民回到农村后的不适应，让人无论在哪里都有同等待遇，在任何地方都可以享受到政府提供统一的公共产品，比如道路、义务教育、公共医疗等，实现“城乡同治”。

老龄化对农村是挑战也是转机，农民是离土不离乡的，“老”可以让乡村聚集更多的人从而形成人气，老人回归乡村带动年轻人的回归，人的回归带动家庭的回归，在乡村振兴中让乡村有人养老和服务养老。当然，农村养老是一个系统工程，在乡村振兴战略中把养老服务纳入乡村公共服务，把养老设施纳入乡村规划，把老年人管理纳入乡村社会治理，意味着社会在逐步发达。越发达的国家，公共部门对老人的福祉介入越多，同时，家庭对老人的支持也会增多。增强家庭和公共部门之间的互动，利用亲情赡养、社会托养、居村联养、邻里助养、集中供养等相结合的方式解决农村的养老问题，也是社会民生进步的体现。

“传统的家庭实施性别与年龄两项控制，用以保护家庭的稳定并维护了传统文化的长期稳定。这种控制机制具有多重功能与社会需求相互吻合。”① 无疑，对性别的控制维护了生育的功能；对年龄的控制维护了老人的权威和家庭的养老功能。但是，费孝通先生在《乡土中国》中就已提出“男女感情激动的发达已使生育的事业摇摇欲坠”。把感情的激动、不断的变革作为生命的主脉的“浮士德式”的精神，的确在破坏社会上的基本事业。② 同样，老年人的被边缘化、污名化也使家庭养老的事业摇摇欲坠。将“生育行为”“养老方式”的改变作为因变量时，自变量绝不仅是家庭失去对性别和年龄的控制。家庭作为社会系统的子系统，与社会系统的变化和发展互为表里。生育、养老等家庭事项的调整，直接或间接地影响社会系统，而社会经济的变化、政策的调整，也反映为家庭事项的调整。传统社会中，“社会秩序范围着个性，为了秩序的维持，一切足以引起破坏秩序的要素都被遏制着”③。在个性张扬的时代，家庭秩序的调整首要为社会秩序的规范。有学者将传统孝道具体化为代际关系、社区礼治秩序和推己及人的内在逻辑。④ 费孝通先生认为，礼治的可能必须以传统可以有效地应付生活问题为前提，乡土社会满足了这一前提，因之它的秩序可以用礼来维持。在一个变迁很快的社会，传统的效力是无法保证的。⑤ 如今的乡土社会，显然不是无须外力维持的小国寡民的社会，秩序需要借力调整，生机焕发亟须国家干预。

---

① Yang, C. K., *Chinese Communist Society: The Family and The Village*, The M. I. T. Press, 1959.
② 费孝通：《乡土中国 生育制度》，北京大学出版社 1998 年版，第 45—46 页。
③ 费孝通：《乡土中国 生育制度》，北京大学出版社 1998 年版，第 47 页。
④ 黄娟：《社区道德的再生茶：话语与实践》，社会科学文献出版社 2011 年版，第 216 页。
⑤ 费孝通：《乡土中国 生育制度》，北京大学出版社 1998 年版，第 52 页。

下编　婚姻

导　论

潘光旦先生讲社会学者应该关注点、线、面、体。点是每一个人，线是人和人之间的关系，关系的综合是面，面的累积是体。① 婚姻是个体连接的线，在家庭这个面上的互动，对魏村一个个家庭的观察和解释，也是对乡土社会的变迁这一体的解释。

家庭是一个社会群体，它的特点是共同的居所、经济上合作和繁衍后代。② 人类婚姻在区区动物的本能调节以外，又加上新的力量、新的要素以为辅助。③ 许多学者认为家庭具有生物特性与文化特性两种特性。有些偏重于家庭的生物特性，将家庭解释为具有重要生物功能的社会关系单位，如麦克尔弗（R. M. MaclVer）强调家庭养儿育女的生物功能。有些学者则偏重于家庭的文化特性，认为家庭纯粹是婚姻这一文化制度的产物，如洛伊（R. H. Lowie）称家庭是立基于婚姻的社会单位。这两种说法虽具片面性，但也突出了家庭的婚姻和抚育横、纵两条轴。

婚姻是家庭的一部分，是得到法律和习俗承认的一种社会制度，在婚姻存续期间，夫妻双方对彼此以及子女都有一定的权利和义务。传统的婚姻里，供养妻子和子女是丈夫的职责，丈夫通过财产的拥有和供养关系的形成，对妻子和子女拥有支配权。婚姻关系里，内置了经济联系。父亲、丈夫通过嵌入的经济联系，确立了家庭的权威。新中国成立前后，女性被内置的经济关

---

① 潘光旦：《社会学的点、线、面、体》，载《直道待人 潘光旦随笔》，北京大学出版社 2011 年版，第 57—59 页。

② George Peter Murdock, *Social Structure*, New York: Free Press, 1949.

③ ［英］博洛尼斯拉夫·马林诺夫斯基：《两性社会学——母系社会与父系社会之比较》，李安宅译，上海人民出版社 2003 年版，第 198 页。

系所捆绑，她们受丈夫保护，也受丈夫支配，她们对婚姻是依附的，魏村的男性称女性“烧火的”。

20 世纪 80 年代，很多农村，包括魏村有了“土房舞厅”，青年男女们忙了一天后，听着《甜蜜蜜》在一户固定下来的人家跳起双人舞。他们骑着自行车、摩托车从一个村到另一个村“约会”。这一时期，女性在家庭中的经济贡献明朗，娘家从回不去到回得去。父亲不再是子女的支配者，结婚在两代人中间由指定变得有商有量。对于丈夫而言，女性不再是“烧火的”，他们彼此都开始寻找“亲爱的”，同时又对爱情和婚姻充满理性。所谓工业革命的浪潮也是在这一时期才涌向魏村。魏村小家庭增多，拥有了第二次浪潮确定的特征：“小家庭——父母，一两个孩子，没有亲属的拖累。”①

20 世纪 90 年代，是魏村婚姻革命开始的十年，女性越轨，未婚先孕等现象在这一时期均有发生。魏村人对婚姻家庭的态度变化从 20 世纪开始，进入 21 世纪，发生了显著转变，尽管对美好婚姻的向往没有改变，而且结婚成本很高。但是，离婚却常态化了，孩子不再是能固定男女的永恒实点，婚姻关系从抚育的纵轴在向夫妻的横轴转变。

尽管如此，魏村的家庭依然重视生育和抚育。过去，魏村的母亲们在家庭组织中，母职主要体现为对孩子的生活照顾。20 世纪 90 年代以后，母亲的角色增加，母职的重要性凸显。家庭教育、学校教育辅助、心理成长几乎都由母亲承担，“母职”范围扩大。村民对“多子多孙”“传宗接代”的态度也发生了转变，父系依旧，但父权式微。婆家、娘家的界限不再明显，小家庭悬空于父母堆积的财产之上，夫妻对各自需要履行的权利和义务关系不明确。

有一种误解认为，男人成为“统治者”的时候，女人也同样要成为“统治者”的想法就是女权主义，果真如此的话，那么女权主义从一开始就陷入了“近代”设下的圈套。理所当然所有的人都成为“统治者”在定义上是不可能的，这是因为全体人员成为“统治者”的时候哪儿都没了“被统治者”。在男人目标朝向“统治者”的时候，女人已经不再追求成为“统治者”了。②家庭关系的变化似乎总是围绕女性权力的增长和男性权力的缩减，以至于容

---

① ［美］阿尔文·托夫勒：《第三次浪潮》，黄明坚译，中信出版集团 2018 年版，第 80 页。

② ［日］上野千鹤子：《近代家庭的形成和终结》，吴咏梅译，商务印书馆 2004 年版，第 203—204 页。

易留下女性“翻身农奴把歌唱”的假象。事实上，从新中国成立到改革开放，再到跨世纪，无论经过多少次浪潮的席卷，魏村的女性在家庭财产分配中始终处于弱势。农业的基础是土地，土地是动不了的，女性无论是离婚的主导者还是被动者，在离开魏村，她们几乎需要净身出户。中年的女性对丈夫的背叛通常选择忍耐，离开土地，她们没有技术、没有在市场竞争的资本，往往会陷入贫困风险。

费孝通先生提出三角结构有利于家庭的稳定，孩子将夫妻这两个可能移动的点固定下来。20 世纪 80 年代，女性几乎在 35 岁左右停止生育，而之前她们已经生育了几个孩子。每一个孩子的出生，都是对夫妻两点的重新固定。如果固定夫妻两点的是一个完全不动的点，或许能够换来三角的稳定，但是，这个点是成长的、变化的，随着升学、就业、结婚，这一点逐渐成为虚点，难以固定夫妻那条线不移动。换句话说，夫妻生育率降低，抚育期变短，不利于夫妻关系的稳定。

第一章　魏村的女性

1935年，费孝通先生在与王同惠的第一本民族志作品——《花篮瑶社会组织》中，道出花篮瑶社会组织的特征：“花篮瑶中最基本的社会组织是家庭，土语称作pia，就是房屋的意思”[①]，花篮瑶的家庭不仅有抚育功能，更重要的是其与财产制度和土地制度的联系。今日魏村的家庭，同样具有与财产和土地制度联系的功能。魏村人把1951年土改到1979年开始实行家庭联产承包责任制的这段时间称“大集体”时代，“大集体”时代，村里的成人女性中，除了当时40岁左右已经是“婆婆”辈的女性是裹脚，年轻一些的女性脚都健康正常了。这样魏村的女性们，包括笔者的母亲在内，和男性一样在地里干活挣工分，同时料理属于家庭的自留地和家务。年底集体分配时，以家庭为单位分配，女性在其中的贡献也自然得到认可。实行家庭联产承包责任制以后，女性对一个家庭的贡献就更加明朗。20世纪90年代，伴随市场化的脚步，魏村的女性在土地之外有了从事服务业、经商或者在村内提供劳务的收入，她们对家庭的贡献除体现在家务、土地和生育外，还进一步以货币形式体现。魏村妇女的这种能干，让她们在家庭中拥有较高的地位。“家里家外一把好手”（农活、家务活都可以做）是魏村人对女性的要求，也是大众对女性的最高期待。

第一节　家庭中的女性

梁启超曾说“吾中国社会之组织。以家庭为单位。不以个人为单位。所

① 费孝通：《六上瑶山》，群言出版社2015年版，第65页。

谓家齐而后国治是也”。家庭是社会的单位，虽然现代的社会生活把个人作为社会和法律的中心，但实际上，家庭是社会的摇床（Cradle）。[①] 种种生活的基本，都源于家庭。

“家里家外一把好手”的魏村女性在家庭中拥有较高的地位。有些家庭中“老婆当家”，男人们虽议论听老婆的话没出息，但在家庭中大都比较尊重老婆。而在21世纪之前，女性受尊重、有地位却仅局限于家中。家庭作为一个单位，在出席婚礼、葬礼等重要仪式或者参与村庄议事时，通常是男性代表家庭出席或发言和行使权力，尽管他们有时是完全听从老婆意见并代为执行，但女性的权力范围仅在家中，女性很少作为代表在公共场合行使家庭权力，尤其不会执行村庄里的公共事务。女性作为母亲对孩子的管教，也通常在家庭内进行。

一　“母职”的范围

从劳动分工看，魏村的男女不分“男主外”“女主内”，魏村的女性既主外，又主内。农业没有现代化之前，农活必须在合作下才能完成，春耕秋收，魏村的女性是农田里的主力，她们扶犁割麦、拔草修渠，几乎什么活都干；而家务活男性却较少参与，照料孩子也较少，做饭洗衣带孩子，几乎都由女性承担。

贝克尔认为，“在生产和照顾孩子方面，家庭成员的性别是一个重要的区分特征，在家庭其他商品和市场部门，恐怕也是如此”[②]。并用人力资本差异做分析。“当男女在人力资本上投资相同时如果妇女在家庭部门里较之男子有比较优势，那么，一个有两种性别的、有效率的家庭，就会把妇女的主要时间配置到家庭部门，而把男子的主要时间配置到市场部门。如果男女的时间能从不同的组合中以同样的比率完全相互替代，那么，无论是男人还是妇女，都会在一个部门中实现完全专业化。”[③] 如果用这种视角看，魏村女性可以家庭和市场自由组合，但男性却没有家务优势，所以练就了女性“家里家外一把好手”的能力。

---

① 傅尚霖：《中国家庭现存的复杂性的研究》，《清华大学学报》（自然科学版）1931年第01期。

② ［美］加里·斯坦利·贝克尔：《家庭论》，王献生、王宇译，商务印书馆1998年版，第40页。

③ ［美］加里·斯坦利·贝克尔：《家庭论》，王献生、王宇译，商务印书馆1998年版，第40页。

笔者在魏村长大，回忆父母在我们成长中各自承担什么角色却非常模糊。母亲负责我们吃饭，吃饱、吃好，学习成绩不好要遭父亲喊骂在笔者家是很确定的，但在20世纪八九十年代魏村的其他家庭却不一定如此。父亲们通常负责子女成家立业等大事，日常小事几乎都是母亲操持。村里的小孩之间打架吵架，出面调解的一定是母亲。2000年之前，魏村的男人们很少外出务工，整个冬季，他们与孩子接触的时间和母亲一样长，但亲密程度不似母亲。村庄里经常可以听到父亲打骂孩子的声音，与费孝通先生写的江村一样，这种风波往往由母亲调解而告平息。有时，也在夫妻之间引起一场争辩。①

魏村人对孩子学业的态度随遇而安，孩子上学成绩好就继续上学，不好了就回家种地。有时父母并不知道孩子读几年级，开家长会出席的一定是父亲，极少由母亲到学校为子女开家长会。有些读了高中的孩子，没考到大学，托人在村里小学或县里找个活干，或去当兵等也是由父亲出面，母亲只在幕后帮持。

母职的范围，无论严母还是慈母，职责和权力似乎仅局限于家庭。正如弗思所描述的，家庭组织作为社会基本单位，成分往往相同，而诸如婚姻、家内权力分配、居住、继嗣等外部形式却不同。② 魏村的母亲们在家庭组织中，母职主要体现为义务，而非权利；权利是父职，比如在提亲等重大事项上，母亲可以在家内发表意见，甚至可以主导一门亲事的走向，但无论出门为儿子提亲，还是有人上门提亲，父亲一定要在场。如果家里父亲去世，“叔叔”“舅舅”等代为出面。

母职范围的扩大，或者开始在公共场合行使权力是在2000年之后。当时计划生育政策实施，魏村的新家庭中普遍为一孩或两孩，农业的逐步现代化也从农田里解放出女性的部分劳动，女性陪伴孩子的时间更长，与一两个孩子之间的关系更密切。这个时期成为母亲的女性，已经有一定的受教育程度，至少没有“文盲”，在家庭的陪伴使她们更了解孩子；孩子上学后，母亲也逐步代替父亲出现在家长会上，村里也能听到母亲们因孩子成绩不好而打骂孩子的声音。

2000年之后，魏村人对教育的态度不再“随遇而安”，他们开始为孩子

---

① 费孝通：《江村经济》，商务印书馆2001年版，第48—49页。

② ［英］雷蒙德·弗思：《人文类型》，费孝通译，华夏出版社2002年版，第82页。

择校，舍弃我们上学时的村小，去县城里上学，这样就出现了大量陪读家庭。陪读家庭的出现也给魏村的婚姻和扶养带来一定问题，后章再论。

二　女性的社会生活

“东家长，西家短”是魏村女性农忙和家务活之外的重要放松方式。几个妇女凑在一起聊天八卦后，抓紧回家做饭。有时因为做饭的早晚，公婆、夫妻之间也会产生矛盾。男人们偶尔凑个饭局吃饭喝酒，女性却很少有这样的社交场合。20 世纪八九十年代，从没听说魏村哪个女人喝醉了酒。无论参加家族中婚礼、葬礼或其他仪式的宴请，还是家族内的聚会，女性通常不沾酒，家里有客人来，女性是厨房里忙乱的人。她们不需要上厅堂，只要能下厨房就行。村里有些女性吸烟，包括笔者的奶奶，也曾吸“水烟”。大集体时代，村里有人在自留地种烟草，或者买烟叶卷纸烟或者抽旱烟袋。抽卷烟的男性女性都有，但男性多于女性。笔者父亲一代的男性，几乎人人都吸烟，但改革开放后，女性吸烟的人数比大集体时代有了大幅降低。

女性吸烟人数开始增多是在 2000 年之后。2000 年之后，魏村女性的社交空间扩展到家族、家庭等固定社会网络之外，吸烟、喝酒这些曾在魏村被冠以男性专利的社交方式，在女性群体中也开始出现。笔者在调查期间，经常遇到几个中年妇女在村里的小卖店，或者在其中一个妇女家聚会喝酒，她们侃侃而谈，有时也喝得烂醉，大哭大笑。这几个喝酒的女性是固定群体，她们称呼彼此为闺蜜，有心里话互相倾诉，有时到某个闺蜜家庭中聚会喝酒，家里的男性也不会反对。

除了吸烟喝酒，20 世纪 90 年代末，尤其进入 21 世纪，麻将走进农村人的生活。魏村的庄稼是一季种植，冬天为农闲时间；有的人家农闲时养殖一些牛羊增加家庭收入，但对于大多数人而言，冬天是空闲的。人们用空闲时间打麻将，起初只是作为消遣，输赢不过百十块。逐步，麻将由消遣变为赌博，村里很多男性女性都参与其中。魏村有两个麻将馆、一个公共活动室。在公共活动室内，几个老年女性经常在忙完家务后去聊天打扑克。而另外两个麻将馆，一个是小金额休闲型，输赢还在百十块；另一个是大额赌博，据说输赢多的时候，一个人一晚上有几万元甚至 10 万元以上的现金出入。

经营两个麻将馆的都是家庭的女性，两人都吸烟，年轻的一个还喝酒，她们非常善于社交。村里一位 60 多岁的女性，不仅在村内赌，也出村赌，据说欠了10多万元赌债。她的丈夫经常一个人做饭、吃饭。笔者访谈时，她丈夫说“她喜欢玩儿，就让她玩儿去。左右是没有输赢，她不从家里拿钱”。而这位女性说，她输的钱不能让丈夫和儿子、儿媳妇知道，否则影响家庭关系，于是村里人也帮她瞒着。她家承包了100多亩土地，每年秋天有30几万元毛收入，丈夫不爱说话，她就负责和收购农产品的买家沟通，告诉丈夫时，将卖掉的葵花、玉米等重量说少一些，她用这些钱来还债。

费孝通先生描述一男一女缔结婚姻、组成家庭之后，生育三角形中就产生了夫妻的这条边。夫妇二人的关系被认为一种“全面的合作”，尤其是经济和事业上，而这种合作往往也是为了更好地抚育孩子，即“婚姻的主要意义是在确立向孩子的抚育的责任”①。而“少子化”减少了女性的抚育责任，将女性从家庭空间解放出来，她们有更多的时间进入社会空间进行社会交往，她们的社交活动和娱乐活动也变得更加丰富。这样一来，就出现两个趋势，一个是夫妻有时间和精力更加注重横轴的关系，即培养夫妻轴的感情；另一个则是家庭以外的社会活动增多，夫妻的感情如若得不到很好的维护，又少了养育孩子的责任维系，横轴的情感关系会加速变淡。夫妻双方中任何一方在家庭中情感如果无法实现，又不能在事业或其他方面得到很好的转移，夫妻情感的纽带就有可能断裂。2010年之后，魏村的离婚率逐年攀升。

三 男女之间

费孝通先生在《乡土中国》的“家族”中讲到“不但在大户人家，书香门第，男女有着阃内阃外的隔离，就是在乡村里，夫妇之间感情的淡漠也是日常可见的现象”②。他调查时发现乡下夫妇大多是“用不着多说话的”，“实在没有什么话可说的”，“一早起各人忙着各人的事，没有工夫说闲话。出了门，各做各的。妇人家如果不下田，留在家里带孩子。工做完了，男子们也不常留在家里，男子汉如果守着老婆，没出息。有事在外，没事也在外。茶馆、烟铺，甚至街头巷口，是男子们找感情上安慰的消遣场所”。③ “乡下，有说有笑，有情有义的是在同性和同年龄的集团中，男的和男的在一起，女

① 费孝通：《生育制度》，生活·读书·新知三联书店2014年版，第72页。
② 费孝通：《乡土中国 生育制度》，北京大学出版社1998年版，第41页。
③ 费孝通：《乡土中国 生育制度》，北京大学出版社1998年版，第41页。

的和女的在一起，孩子们又在一起，除了工作和生育事务上，性别和年龄组间保持着很大的距离。”①

费先生所说的这种情况，直到20世纪80年代，甚至2000年之前，在魏村依然存在。甚至可以说，夫妻之间的默契就在于“无声胜有声”。20世纪八九十年代，若看到一对夫妻在田间忙碌，他们总能够准确地各司其职。那时田里最大的声音是丈夫喊工作中的骡马等牲口的声音，绝不是夫妻之间的交流，他们在劳动中配合非常默契，如果哪一方出了什么问题，另一方只要张口喊一声“嗨”，对方就马上意识到问题并做出调整，彼此对常规工作的熟练和对双方的熟悉使他们用不着多说话。魏村的男性在田里干完了活，虽较少参与厨房工作，但他们需要伺候牲畜、喂猪喂羊。妻子做好了饭，朝着院子“嗨”喊一声，丈夫便知道该吃饭了。夫妻之间没有“老公”“老婆”或其他亲昵的称呼，彼此名字都不叫。冬天是农闲，但魏村的经济一直是种养结合，给羊准备草料、给猪做猪食，因此即便农闲，男人们也没有太多时间在外。村民们偶尔在路口聚堆聊会儿天，或去某个人家串个门，冬天串门的女人们手里总拿着在织的毛衣毛裤，或者穿针引线做手工布鞋。

“多子”和“手工”束缚了人们的时间和想象，夫妻之间无论有没有感情，都被扶养和生计捆绑在一起。大多数时候，时间和情感的发生是正相关的，时间越久，感情越深。所以，像费孝通先生所说的，“乡土社会是靠亲密和长期的共同生活来配合各个人的相互行为，社会的联系是长成的，是熟习的，到某种程度使人感觉到是自动的”②。很多夫妻之间的称呼都是“嗨”的一声，但彼此不会搞混，各个人之间有极其高度的了解。“人们生活在同一的小天地里，这小天地多少是孤立的，和别群人没有重要的接触。在时间上，每一代的人在同一的周期中生老病死，一个公式。”③ 魏村虽然离县城只有6公里，但它是一个独立的小天地，农田足以丰衣足食，魏村外出务工或经商的人很少。

魏村的男女之间，在称谓关系和举止行为上的变化发生在2000年之后。进入21世纪，“丰衣足食”已不能满足魏村人对生活的追求。魏村人的整体

① 费孝通：《乡土中国 生育制度》，北京大学出版社1998年版，第41—42页。

② 费孝通：《乡土中国 生育制度》，北京大学出版社1998年版，第44页。

③ 费孝通：《乡土中国 生育制度》，北京大学出版社1998年版，第44—45页。

受教育水平提高，电视、电话普及，年轻人加强了村内村外的流动和信息流通。“有说有笑，有情有义”不再局限于同性和同龄人集团，村里还会出现“老人一堆儿，小孩一堆儿”，但中年的男性女性开始聚成一堆。如前文提到，女性的社交空间开始扩展，男性女性同桌打麻将消遣，同桌饮酒的情况屡见不鲜。农业的现代化解放了人的时间、双手和思想，串门儿的妇女们手里不再穿针引线，而是去往固定的娱乐场所。除了老夫妻，中年人、年轻人在称谓上不再用“嗨”，他们彼此开始称呼姓名，有的也互相称呼“老公”“老婆”，骑乘自行车、摩托车时互相拥抱、走路彼此牵手等行为也司空见惯。

费孝通先生曾引用梅因的“从身份到契约”的著名论断，认为“身份”指的是亲属制度的继替原则。① 我们需要看到，代际身份是“继替”，也是“契约”，“继替”身份是差序格局的核心，但夫妻身份是“契约”身份，这种身份不因称谓发生了什么变化，就有了远近亲疏。称谓越是亲密，解约的情况反倒越多了起来。

第二节 女性与生育

21 世纪，性别平等论扶摇直上，著名的美国演员安妮斯顿（Jennifer Aniston）说“我是女人，但我的子宫不是用来生孩子的”。子宫用不用来生孩子魏村人不关心，但一个家庭至少要有一个孩子是魏村人认可的。21 世纪之前，魏村人认为一个家庭至少要有一个男孩，如今性别偏好发生了一些改变，对生男生女的态度不如往日般执拗，但成立家庭要生孩子，三角结构才稳定依然是人们的共识。费孝通先生在“社会结构中的基本三角”中说：“缔结婚约的时候，三角中两点间画了一条线，还有一点是虚悬的，两边还是虚线。虚点不是没有点。这虚点是正在创造中，给予已有的两点一个动向。但是虚点也不是真有一点，因为这点可以老是不实现的。三角形在创造中是一个动的势，其中包涵着一股紧张和犹豫的劲。”② 马克思和恩格斯认为个体婚制在历史上绝不是作为男女之间的和好而出现的，更不是作为这种和好的最高形

① 费孝通：《生育制度》，生活·读书·新知三联书店 2014 年版，第 195 页。
② 费孝通：《乡土中国 生育制度》，北京大学出版社 1998 年版，第 160 页。

式而出现的。“最初的分工是男女之间为了生育子女而发生的分工。”① 几乎每一代魏村女性在结婚后，都尽快将婚姻中的虚点变为实点，虚线变为实线，但婚姻关系似乎日渐变得虚悬。

一 女性的生育使命

“男大当婚，女大当嫁，婚后当育”是魏村人对家庭的惯例要求和程序管理。“男女生理上的分化是为了生育，生育却又规定了男女的结合。这一种结合基于异，并非基于同。”② 在费孝通先生看来，生育是男女结合的核心和目的。就笔者调查所能了解到的情况，魏村有村史以来，村庄里除了单身家庭，即村里人讲的“光棍儿”，每个男女组建的正常家庭都有孩子，区别仅在于孩子的多寡。

女性由于享受婚姻权利，她们会使用妻子或母亲的身份。③ 过去女性对待生育的态度，是要给婆家，当然也是给自己一个交代。在中国大家庭中，媳妇的生活负担着许多责任，实在是一种艰难的生活。不过应该注意的是：婚姻在中国不算是个人的事件，而为一个家族整体的事件，一个男人不是娶妻子，而是娶一房媳妇，习惯语中便是如此说法。至若生了儿子，习惯语中多说是“生了孙子”。④ 能够生育，且能够生育男孩以保障种族的绵延，女性才可以确立在家庭中的地位。一个女性在家庭中的地位，不是通过做妻子，而是通过做婆婆建立的，村里人管这种情况叫“千年的媳妇熬成婆”。现代女性生育来源于婆家和世俗的压力相对降低，而且如前文所述，魏村女性在家庭中的地位并不低，但女性婚后还没有选择不生育的现象，个别家庭组建几年后无法孕育孩子，就会选择抱养、过继等方式保证家庭的完整性。

魏村有一对1996年结婚的夫妻，丈夫是家里的长子，丈夫有一个弟弟、一个妹妹。夫妻婚后三年没有生育，抱养了一个女儿，几年后，又抱养了一个男孩。公婆并没有给这对夫妻压力，丈夫的弟弟已完成种族绵延的职责，但这对夫妻，尤其是妻子坚持要孩子。抱养女儿一年后，妻子在村里说自己怀孕了，不过选择了人工流产，因为已经有了一个孩子，自己会把抱养的孩

① ［德］恩格斯：《家庭、私有制和国家的起源》第1册，人民出版社1966年版，第79页。
② 费孝通：《乡土中国 生育制度》，北京大学出版社1998年版，第45页。
③ 林语堂：《中国人》，群言出版社2009年版，第118页。
④ 林语堂：《中国人》，群言出版社2009年版，第120页。

子当成亲生的养。村里人对她是否真的怀孕流产不置可否，背后谈论起也表示能理解她这种公开自己有怀孕能力的行为，“女性生育才完整”的教条依然深得魏村女性的认可。她抱养儿子后对村里人说，觉得一个孩子在家里孤独，再要一个彼此陪伴。两个都抱养比较好，这样养起来没有差别心。听到这话的村民们对她敷衍应和，觉得她依然在努力证明自己“能生但不生”的合理性。可以看到在熟人社会中，生育这种极其“私己”的事情似乎要对公众有个交代。

几十年间，魏村新成立的家庭运行几乎是程序化的。第一年结婚，第二年家里有孩子出生。如果第二年家里还没有“添人进口”，首先在老人们中间就会出现议论，这种声音会给新家庭的公婆一定压力和焦虑。新生代的家庭，有个别选择推后生育，公婆对这种行为最为担心，笔者问及一个儿子婚后四年多还没要孩子的婆婆，她说：“左右得要孩子，晚要不如早要，有了孩子婚姻才稳定。”但她又表示：“要不要孩子得儿子、儿媳妇说了算，自己只在他们回来时偶尔提一下，不敢多说。”虽然结婚四年多，但儿媳妇还不到 26 岁。他们在县城有房子，不常住魏村。儿媳妇说：“知道公公婆婆想抱孙子，但自己和丈夫年龄还小，想过两年要。”两代人之间虽然对生育的迟早有分歧，在“生”这件事情上是确定的。

魏村人，尤其老人并不仅对儿子组建的家庭有生育上的焦虑感，对出嫁的女儿也是如此。有对 60 多岁的夫妻，育有一个儿子、一个女儿。儿子经历了几次“退婚”，终于结婚后，两年了儿媳妇还没有怀孕，女儿结婚八九年没有要到孩子。夫妻二人对此无比焦虑，用算命、求神等方式保佑儿女都能生育，不幸的是女儿怀孕 6 个多月流产了，夫妻俩接受不了打击，担心女儿被丈夫和公婆嫌弃，为此病了一场。好在后来儿女都有了孩子，他们也就不再需要为此求神算命。

笔者于 2020 年见了照顾儿媳妇生产的婆婆，她说：“家里没孩子不行，生男生女都可以，但没孩子不行。有孩子都这么多人离婚，没孩子更不行，没孩子不叫家，没盼头。”生产后的儿媳妇也很高兴，说一直想要孩子，终于生了一个健康的孩子，很欣慰。

可以看到，在魏村几代女性中，对“结婚生子”的态度是约定俗成的，她们认可“夫妇不只是男女间的两性关系，而且还是共同向儿女负责的合作关系”[1]。父母一辈既考虑传宗接代，也考虑婚姻的稳定性。他们认为孩子是稳定婚姻的保障，年轻人更喜欢说孩子是爱情的结晶，她们并不提及生孩子和传宗接代与婚姻稳定的关系。2000年之后，魏村的女性们有的进城租房购房陪孩子读书，有的在务工与务农之间齐头并进。她们对农业的半脱离状态并没有多大程度改变她们的生育观，她们改变的是教育观，是和孩子相处的态度。

女性生育后，如果婚姻稳定，她们会尽力担负起母职。如果离婚，离婚后的女性较少选择带走孩子，她们通常把孩子留在婆家。新生代家庭的公公婆婆基本在50—60岁，家里孩子少，体力上还可以帮助抚养孙子。有些女性离婚后依然和孩子保持一定的联系，有些则完全和孩子失去联系。她们大多数在离婚后还会组建新家庭，也有可能继续生育，所以并不会因为孩子而不离婚或者离婚时“非要孩子不可”。她们也清楚，孩子留在婆家不会受委屈。新家庭离婚后最受累的还是公婆，他们为了解放儿子，使他有机会成立并经营新家庭，通常会承担起养育孙子、孙女的责任。

生育中对生育能力的证明和养育中的对子女的守护和放弃行为，既有对纵轴的坚持，也有对横轴的执着。费孝通先生认为“两点之间只能划一条直线。这条直线并不能固定任何一点的地位，两点尽管可以不改变这距离而四处移动。若要固定这两点和其间直线的位置，只需再加一点，划成一个三角。三点之间要能维持三条直线的长度就只有一个三角的形式。两点地位的固定得靠第三点的存在。这是结构学上的原理，在社会团体的形式中也常常看见，两人间的关系靠了第三者的存在而得到固定”[2]。从魏村现在的情况看，第三个点也不再能够固定夫、妻这两个点的位置。夫妻是“核心家庭”的子系统，“核心家庭”是“扩大家庭”系统中的一个子系统，而“扩大家庭”又是大的社会系统中的子系统。《中华人民共和国婚姻法》对妇女权利的保障、价值上对爱情和婚姻自由的崇尚、服务业的发展增加了受教育程度低的女性就业机会等影响社会系统变化的因素，家庭的核心化、少子化等影响“扩大家庭”系统变化的因素，都会影响夫妻这个镶嵌在社会系统中的子系统的变化。

---

① 费孝通：《乡土中国 生育制度》，北京大学出版社1998年版，第159页。

② 费孝通：《乡土中国 生育制度》，北京大学出版社1998年版，第159页。

二　女性与原生家庭的关系

20 世纪 80 年代，费孝通先生对江村家庭的研究就发现普通的人家不仅有儿子，也有女儿，有两个以上儿子的人家是极少的，第三个儿子一般不留或给人。[①] 在传统的父系社会中，“嫁出去的女孩泼出去的水”，女孩一旦出嫁，与原生家庭是一种疏离的关系。随着家庭的少子化和家庭生活对女性的“捆绑”度降低，女孩出嫁后与原生家庭的疏离度也相应降低。

“‘彩礼’通常指的是从新郎家向新娘家转移的资产，它的作用在于敲定两家之间的婚姻契约，而使妇女从一家转手到另一家。而之后，这彩礼也经常被女方家长用来给自己的儿子娶亲。”[②] “在所有的文化中婚姻都有其经济含义，几乎总有一个人人皆知的新娘、新郎或各自父母分担责任的制度，婚姻的费用和各方贡献的比例因不同文化、不同阶级而异。”[③] 21 世纪之前，魏村的情况也十分相似，儿子能不能顺利娶妻与女儿出嫁时能够拿到的彩礼有关。家里妹妹先出嫁，哥哥再娶媳妇的情况很多。如今，魏村人在谈婚论嫁时“彩礼”依然很重要，具有突出的象征意义和实质意义。婆家提供“彩礼”数量的象征意义在于婆家对这门亲事的重视程度以及婆家的经济实力。过去，魏村不兴“嫁妆”，逐步有家庭开始不要“彩礼”，并为女儿提供一点“嫁妆”，对女孩在娘家的劳动进行“前置补偿”。进入 21 世纪，“嫁妆”开始流行期，比如男方给女方家 10 万元“彩礼”，女方家通常再将这 10 万元作为“嫁妆”返给小家庭，有些经济条件好且兄弟姐妹较少的女方家庭按照“彩礼”数成倍返“嫁妆”，“彩礼”和“嫁妆”通常都成为小夫妻的“小金库”。彩礼、嫁妆的数量由双方父母商议拟定，无论男孩还是女孩的父母都尽量将资源整合到小家庭的组建上。就如费孝通先生在江村经济中所描述的，“财产传递过程中的一个重要步骤发生在结婚的时候。男女双方的父母都要以聘礼和嫁妆的名义供给新婚夫妇一套属于个人的礼物，作为家庭财产的核

---

① 费孝通：《家庭结构变动中的老年赡养问题——再论中国家庭结构的变动》，《北京大学学报》（哲学社会科学版）1983 年第 3 期。

② ［美］阎云翔：《私人生活的变革：一个中国村庄里的爱情、家庭与亲密关系（1949—1999）》，龚小夏译，上海书店出版社 2006 年版，第 168 页。

③ ［美］瓦伦丁·M. 莫格哈登：《贫困女性化？——有关概念和趋势的笔记》，载马元曦主编《社会性别与发展译文集》，生活·读书·新知三联书店 2000 年版，第 41 页。

心”[①]。女方父母增添多少嫁妆是较难估计的，但按照一般能接受的规则来说，增添的财物如果抵不上聘礼，那就是丢脸的事，女儿在新的家中的地位也将是尴尬的。[②] 现在，魏村的家庭不论贫富，每家女儿出嫁，娘家都提供嫁妆，虽谈不上少是丢脸的事，但没有陪嫁总会让父母和女儿心里都不舒服。出嫁后的女儿和母亲以及娘家时间最长、最紧密的接触是在女儿生孩子以后，魏村以及当地的习俗是，女儿生育后由自己的母亲伺候月子，孩子一百天，要在娘家“过百岁”。男女双方父母通过这样提供人力和财力支持的方式，将一个小家庭培植起来。

女孩并不会因为要了“彩礼”而失去和娘家的联系，女孩家兄弟姐妹越少，女孩在娘家的地位越不会“客化”，比如一些嫁到魏村的女孩，她们的小家庭除了婆家在魏村安排的住处，多数在县城也有房子，他们并不常与婆家人生活在一起，出嫁后和原生家庭的联系依然紧密，甚至超过男孩与其父母的联系。费孝通先生 1982 年就提到城市中正在发生偏离父系和从父居的传统体，而出现女儿结婚后与父母同居，形成实质上属于女系性质的扩大的家庭。[③] 魏村进入 20 世纪 90 年代，尤其进入 21 世纪后，女孩婚后“回娘家”的次数完全取决于女孩和自己父母的关系，婆家和丈夫决定不了女孩和其原生家庭的联系，农闲时丈夫随妻子再到岳父母住一段时间也是常有的事。

魏村的农业现代化实现得较晚。直到 2010 年之前，魏村春天播种，夏天割麦，秋天收葵花、玉米等都需要大量人工完成。割麦尤其辛苦，酷暑七月，麦子成熟后，需要在一周左右全部割倒、打捆，熟过头麦粒会掉。魏村每家大约种二十亩麦田，需要人用镰刀一刀一刀割，魏村的成人不分男女都下田割麦，经常汗流浃背，腰酸背痛。这期间，谁家姑娘的未婚夫或出嫁的姑娘带着丈夫来为岳父岳母家割麦，村里人都会投去羡慕的眼神。女儿不但没有成为泼出去的水，还多带一个劳动力来为娘家服务，冬日农闲时，女儿带着丈夫和新生的孩子在娘家住一段儿时间，以享天伦之乐也是常有的事情。包括在上编提到，女儿在父母生病时，也给予几乎和儿子同等的照顾。

出嫁的女儿孩子大一点需要上学，自己也忙于经营在婆家的土地和其他

---

① 费孝通：《江村经济——中国农民的生活》，商务印书馆 2001 年版，第 70 页。

② 费孝通：《江村经济——中国农民的生活》，商务印书馆 2001 年版，第 54 页。

③ 费孝通：《家庭结构变动中的老年赡养问题——再论中国家庭结构的变动》，《北京大学学报》（哲学社会科学版）1983 年第 3 期。

事业时，住娘家的次数就会主动降低。但现在交通方便，很多家庭从有摩托车到开上小汽车，虽没有时间在娘家小住，经常走动的情况是有的。当然，娘家也会在女儿有困难时提供无私的帮助。

这与笔者父母那一代人不同，笔者的奶奶是小脚，干活不利索。笔者母亲结婚之后需要为全家人做一日三餐，尽管外公家与母亲同村，母亲也很难有时间回去。做饭、照顾孩子、照顾老人、到农田干活，等等，几乎占用她的全部时间。她的时间主要用来经营自己的家庭，而且母亲这一代属于“新、旧社会媳妇”的交接点，在行动上并不完全有自主权。

如今女性能够与原生家庭保持如此紧密的联系，仍然与社会系统的改变有关。女性在家庭中获得一定权力，从扶养和其他劳动中获得一定空余时间，从而使她们有时间和娘家进行互动。后文将讲到，女性一旦离婚，娘家是重要的庇护所。社会系统的变化，使女性和娘家的关系作为子系统相应地发生了变化。

第二章 魏村的男性

上一章围绕女性的角色展开，这章写魏村的男性在婚姻、家庭中的角色。上一章写道魏村对女性的要求是“家里家外一把好手”，对于男性，魏村文化里并没有“家里”出色的要求，屋内的整洁与杂乱似乎都与男性无关。村民在串门唠家常的同时，观察一个家庭的内务、女性做饭的能力；通过在村里玩耍的孩子们的穿着，观察一个家庭女性照顾孩子的能力，然后判断这个家的女人很勤快，那个家的女人很邋遢。魏村人对男性的要求在外，地种得好不好、庄稼收了能不能卖了好价钱，这些在 21 世纪之前基本都是男性的工作。女性下田劳动，但通常不公开参与庄稼和牲畜买卖。所以，魏村的老年男性和旁人谈起妻子时，称“做饭的”或“（长子或长女名字）他妈”，男性对女性从“做饭的”到“亲爱的”称谓变化，某种程度上可以说明男性在婚姻中角色的变化，也可以看到，人们对婚姻对象由配偶到伴侣的变化。

第一节 男性的使命

一 作为家族继承人的角色

马克思、恩格斯在阐述婚姻家庭的本质时说：“每日都在重新生产自己生命的人们开始生产另外一些人，即繁殖。这就是夫妻之间的关系，父母和子女之间的关系，也就是家庭。”① 贝克尔认为，家庭是人类社会生活最基本的

---

① 中共中央马克思恩格斯列宁斯大林著作编译局：《马克思恩格斯选集》第 1 卷，人民出版社 2012 年版，第 159 页。

细胞，尽管千百年来社会、经济、文化环境已经发生了巨大变化，但家庭却依然保留了对全部制度的最大影响。[①] 为了保证社会结构的完整性，家庭保留着“世代参差”。世代是分别亲属的一种原则，根据生育的事实，把生者和被生者，也就是亲子，分成相衔接的两个世代。人类的谱系上，和其他生物一般，从生育关系上可以很清楚地划出一代又一代，不相混淆。[②] 传统的生育动机中离不开“传宗接代”，魏村人之间发生冲突时，最恶毒的诅咒是“断子绝孙”。在“传宗接代”的使命中，那些“三代单传”的家庭，在“计划生育”时代就显得很紧张。2000 年左右的研究，学界普遍认为“稳定低生育水平关键在农村”[③]。“男孩偏好”使计划生育政策在农村推行困难。

魏村人也有“男孩偏好”，20 世纪 90 年代之前，魏村有三个已生育四五个女儿、追生儿子的家庭。这些家庭为孩子的取名中，带有对女孩的草率和对男孩的期待，假设三家的大女儿都叫“苹”，有一家为接下来的几个女儿取名“二苹”“三苹”“四苹”，终于生了儿子，为儿子取名“记”。表示几个女儿之后，终于等来一个可以载入家谱的男孩；另一家“苹”之后，叫“拉拉”“拽拽”“引弟”，儿子出生后叫“帅”，表达家人的欣喜和对儿子的期许；还有一家在“苹”之后，直接“二”“三”“四”“五”这样称呼女儿，“五”出生后担心“六”还是女儿，就抱养了一个儿子叫“拴”，“拴”是西北话，有稳稳地绕住、缠住的意思。但这些都发生在 30 年前，20 世纪 90 年代之后，随着父母受教育水平的提高，家中无论生男生女，父母都给取一个适当的学名，那些表达父母对孩子性别渴望的、带有伤害性的名字完全消失了。

进入 20 世纪 90 年代，魏村有三个孩子的家庭已经很少，一个家庭最多两个孩子，有些只要一胎。那些父代在女儿们“拉拉拽拽”的名字中表达对儿子的渴望和传宗接代需求的家庭，他们的儿子婚后有些也没有儿子。大部分子代对生育儿子的态度是有更好，没有也无所谓，生女儿同样重要。父代对子代也不会强求，而且从上编的“养老”中看到，女儿在养老中发挥着同等重要的作用，父辈们也看到眼里，但他们依然有“传宗接代”的观念。计划生育政策全面放开后，有些父母以金钱（养育支持）鼓励第一胎，或者第

① ［美］加里·斯坦利·贝克尔：《家庭论》，王献生、王宇译，商务印书馆 1998 年版，第 3 页。

② 费孝通：《乡土中国 生育制度》，北京大学出版社 1998 年版，第 234 页。

③ 汪正鸣：《稳定低生育水平关键在农村——“人口与农村经济社会发展研讨会”综述》，《中国人口科学》2000 年第 4 期。

一胎和第二胎都是女儿的儿子再要一个孩子，目前看效果并不明显。

但是，20 世纪 30 年代前，从以上为男孩的取名，以及抱养男孩，还有一家生育三个女儿后，将三女儿和男孩多的家庭交换，换来一个男孩的行为，可以看出魏村人对男孩、对传宗接代的重视。有一个家庭在生了两个女儿后，抱养了一个儿子，想要自己生一个儿子，结果第三胎还是女儿，这一家人对这个抱养的儿子特别关心爱护。生育一个男孩很重要，实在自己没有生，退而求其次，抱养的也可以，至少随这家的姓氏。这个儿子的孩子，还会随同样的姓氏，这就是传递。社会性的传递远大于生物性的传递，但不幸的是这个抱养的儿子十几岁时患了精神疾病，家庭极尽所能为他治疗，限于当时的医疗条件，病没有治好。家人下田干活，稍不注意儿子就跑丢了，冻掉手指脚趾，最后一次跑丢后家里发动全村人四处找，没有找到。随着儿子的生病消失，这个家庭也变得支离破碎。母亲认为家庭不再有希望，伤心地回河北老家了，父亲在几年后也生重病去世。

男性作为家族继承人的角色，如果不能为家庭生育男孩，观念上就觉得自己的使命没有完成；现实中，会增加协调“婆媳”关系的难度。“千年的媳妇熬成婆”后，督促儿媳妇生孩子是婆婆经常做的。家里没有生出男孩，婆婆不觉得和儿子有关，而是媳妇的肚子不争气，因此也会责难媳妇。假如一个大家庭有三个儿子，其中两个儿媳妇都生了儿子，那么没生儿子的那个儿媳妇在家庭中就显得理亏，从而更加有压力。“传宗接代”不是一个大家族中有儿子就可以了，家族在结构上包括家庭；最小的家族也可以等于家庭。① 所以每个核心家庭都需要生物性，尤其是社会性的传递绵延。

近几年兴起的“代孕”“精子库”等生育技术，详细解释给魏村的老人们听，他们不会觉得新鲜奇怪。新中国成立前，为了传宗接代，保证小家庭有子嗣绵延，魏村有和精子库相似“借精”的现象，通常“借精”的对象是男性自己的兄弟，这样可以保证所生育的孩子还是自己家族的血脉，同时也在“自己人”中保证整个事情的私密性。“借精”生育的孩子，母子之间的生物关系很清楚，公开的生物性和社会性父亲都是生育家庭，与被借对象无关。这里也可以印证费孝通先生所讲的，社会学的父母是偏重于社会性，而

① 费孝通：《乡土中国 乡土重建》，群言出版社 2016 年版，第 43 页。

不太重视生物关系。①

二　男子气概

笔者询问魏村80多岁的老人们什么是男子气概，他们不得而知。在他们看来，男人确定无疑就有男子气概，这是不言而喻的。有一个老人问打老婆算不算男子气概。问打老婆好不好，他说不好。问他打过没，他说打过，打架的时候打过。夫妻争吵打架时发生的相互撕扯在魏村人看来不叫“家庭暴力”。问及二三十岁的小伙子对男子气概的理解，他们的答案就很多，认为挣钱多、身体好、能养家都是男子气概的表现。尽管他们中大多数人的婚房是父母准备的，日常也花父母一些钱，但内心他们认为独立才有男子气概。

笔者请村里的女性评选出村里最有男子气概的人，她们始终评不出，觉得对老婆好就算男子气概。婚姻中男性应该“有男人的样子”，要保护妻子。魏村男女吵架，尤其夫妻吵架时，女性经常会用“你不是男人”来责骂男性。“你不是男人”就是女性认为男性小肚鸡肠、不包容，和老婆过不去。有人提到能张罗的人也算有男子气概。调查期间，有一个70多岁的男性因病去世，去世前，村里的红白事儿、满月酒等，他总充当“代东”的角色，帮助组织张罗。村民提到他，觉得他有能力，但又觉得他不能算有男子气概，因为他对老婆不好，他的妻子40岁左右因家庭矛盾自杀。

无论男性女性，都认为发脾气、嫉妒、生闷气不是男子气概的表现。上章提到魏村对女性有“家里家外一把好手”的要求。在谈到男子气概时，女性评价好男人也应该“家里家外一把好手”。她们认为男性也应该做家务，比如举例谁家男人从不和老婆发脾气，做饭还好，亲眼看到炖好肉等打麻将的老婆回家吃。这位丈夫被其他女性点名表扬的妻子很高兴，笑着打岔说丈夫发脾气的时候也能气死人，这时她们也提到男人不应该像村里的某个人那样，随时发脾气，尤其在人多的时候发脾气，让人见笑，显得没有涵养。她们提到的这个人是村里的首富，他以“硬汉”形象示人，的确不善于情绪管理，对家人尤其苛刻，大家认为这样很不好。

男性们不议论发脾气好不好，或者做家务是不是好事，但魏村越来越多的男性开始下厨或做其他家务，这与传统观念显然不同，过去男性和女性都

① 费孝通：《乡土中国 生育制度》，北京大学出版社1998年版，第259页。

会隐瞒男子做家务的事实，认为有损男子气概。女性对男性的主观期待使男性在行为上有意无意向客观可能性相适应，从而就降低了女性的被剥夺感。① 魏村几乎没有极端的家庭暴力现象，前文提到，魏村的女性因为“家里家外一把好手”而奠定了她们在家中的地位，夫妻发生冲突时，女性也经常让男性“脸上开花”。魏村人，尤其年龄大一点的人从来没听说过“冷暴力”，他们也不会使用冷暴力。无论如何，魏村的男性正在按照女性所理解的男子气概发展，他们变得容忍，责任感更强，并顺应女性的要求，这也许是对男子气概的重新建构，在公共领域，男性依然保持着权力和地位。

男性对男子气概的判断当然还有生育。20 世纪 90 年代，在魏村人朴实的价值观里，一对夫妇生了儿子的功劳是男性的，但生不了儿子的原因是女性肚子不争气。魏村上百户的人家在 2000 年以前，几乎每个家庭都有儿子，从概率上讲当然并不稀奇，多生几个孩子大多会出现不同性别。20 年前，笔者还未开始调查，偶然回村，见到一个男性，幸福并骄傲地和人讲自己生了儿子，他的第一个孩子是女儿，他生儿子后向村民报喜的样子，绝对是他人生的高光时刻。所以，男性对自己的男子气概还有在性和生育上的判断。第一，他们能生；第二，他们能生儿子。我们会发现，过去对男孩偏好的执着更多来源于男性，他们要传宗接代，同时还要证明自己在生育上的可操控性。

传宗接代与男性的男子气概是相依的，男性通过生育来证明自己的男子气概。虽然进入 21 世纪，魏村人对于性别偏好和传宗接代的观念发生了很大转变，但在男性那里，生育依然是必不可少的。尽管魏村无论男性还是女性，对于男子气概这一事项困惑而含糊，而男人在女人身上寻求他者②，但魏村人认为男性的男子气概脱离家庭、脱离异性、脱离生育和抚育是无法实现的。

第二节　作为丈夫的男性

婚姻是个人成长的里程碑。婚姻让男性和女性从父子、母子的家庭结构子系统转向夫妻这一子系统。一对青年男女结婚，他们所处的身份、所扮演

① 朱国华：《权力的文化逻辑》，上海三联书店 2004 年版，第 113 页。
② ［法］西蒙娜·德·波伏娃：《第二性》，陶铁柱译，中国书籍出版社 1997 年版，第 168 页。

的角色就发生了变化。比如，男性在结婚之后需要应对作为儿子、丈夫和未来作为父亲三个最基本的角色，作为丈夫的角色是婆媳关系沟通的桥梁。男性在21世纪之前和之后，这三个角色的侧重点是不同的。近些年，“妈宝男”这个词在网络中很流行，“妈宝男”通常指以妈妈为中心、听妈妈的话、总是认为妈妈是对的，也指被妈妈宠坏了的男孩。如果理性分析，“妈宝男”背后事实上是对性别平等的要求和女性的觉醒。在改革开放之前，即女性在经济上没有太多独立自主权之前，很多男性，包括魏村的男性在今天看来都是听妈妈话“妈宝男”。如今之所以普遍认为“妈宝男”是贬义，是女性要求在夫妻关系中，不是以丈夫的妈妈为中心，而是以横向的夫妻关系为中心，体现出夫妻关系的重要性。

一　婆媳关系中的男性

中国传统的安排，并没有合理地解决从夫妇里分割出来的两性感情的发展。[①] 在中国旧社会里母子联系的坚强也多少是这种感情变态的结果。在孝的观念下，社会鼓励着母子的联系。婆媳的争执中有多少是爱的争执，我们实在不能加以估计。[②] 费孝通先生认为他所注意过典型的孝子，大多是对母的依恋，很可能是弗洛伊德之辈所说的恋母情结的表示，而且是在习俗容忍之下保持着的感情冻结（Fixation）。[③] 笔者从魏村的女性老人们那里调查了解婆媳关系，认为魏村的孝子与其说是对母亲的依恋，倒不如说是对父亲权威的恐惧。“农村家庭里面年长的父亲居于家长的地位，家中财产的处理是掌握在他的手里，他有保持家风的任务，规定每个家庭成员在家庭中的地位和工作，这样来维持家庭的秩序。”[④] 而且在传统家庭教育中，父亲们是沉默的大多数，母亲是父子之间沟通的主要桥梁，传递父亲的意志。我们常常把婆媳关系认定为两个女人的关系，可能表达为“表面上”是两个女人的关系更为恰当。但其背后，有公公的权威、有婆婆和媳妇对儿子作为资源的争夺、有家庭的权力分配。一个女人能取悦于一个男子，是一种珍贵的努力，至能取悦于另一个女人，不啻为一种英勇的行为，所惜许多是失败的。做儿子的，介乎尽

① 费孝通：《乡土中国 生育制度》，北京大学出版社1998年版，第149页。

② 费孝通：《乡土中国 生育制度》，北京大学出版社1998年版，第149页。

③ 费孝通：《乡土中国 生育制度》，北京大学出版社1998年版，第149页。

④ 李景汉：《北京郊区乡村家庭生活调查札记》，生活·读书·新知三联书店1981年版，第34页。

孝于父母与尽爱于妻子二者之间，左右为难，从不敢大胆替妻子辩护。[①] 丈夫对妈妈的言听计从事实上是对原生家庭意志的服从，如今的“妈宝男”亦是如此，妈妈也只是原生家庭意志的代言人。

魏村一位71岁的女性讲述了她和婆婆的关系，婆婆已经去世20年，她提到婆婆依然没有半分好感。她说，“我不能骂一个死人，但我真的不原谅她”。她讲述结婚时和丈夫年龄都不到20岁，所以家里任何事情都须听公公婆婆的安排；如果公公婆婆认为所安排的事情她和丈夫没有完成好，公公通过婆婆把对她的意见都传递给丈夫，婆婆在传递的同时，表达了自己对她的不满和抱怨，丈夫再在父母的抱怨上，加上自己怨恨和脾气冲她发泄，这样，她就处于家庭权力金字塔的底端，成为“受气包”。婆婆十分尊敬公公，稀罕吃食都紧着公公。她坐月子时，婆婆也没有给她提供必备的营养。过去50年了，她说起这些事还会十分伤心。不过她生了第二个孩子后，丈夫年龄稍大一点了，或许也是因为感受到自己做了父亲的缘故，她逐渐觉得丈夫开始有一点心疼她了，稍微懂得在公公婆婆面前维护她。公公去世后，家里就是丈夫做主了，婆婆几乎没有发言的权力。所以，看似表面的婆媳关系背后，事实上是父子权力关系，两个女人只是父亲和儿子权力之争中的代理人。和这位女性年龄相仿的老年女性们几乎同样认为，婆婆厉害，主要是公公在为婆婆“撑腰”。一般公公去世，婆婆就会收敛很多。通常婆媳之争中，最严重的冲突期是儿媳妇刚进门那几年。正值婆婆中年，儿子、儿媳妇还未足够成熟，婆媳冲突的内里是婆婆作为一个成熟女性代表家庭权威对一个年轻女子的教化过程和一个年轻女子尽力策反丈夫共同对抗权威的过程。媳妇随着年龄的成熟和身份的改变（有了孩子）在家庭中走上坡路，而婆婆随着年龄的衰老在家庭中是走下坡路的。通常儿媳妇过门多年后，婆媳关系就缓和很多。李景汉先生20世纪80年代对北京农村的调查中，也已发现婆媳不和的家庭已经很少了，即便有看着不太融洽的婆媳，也少见有当众吵嘴的现象发生。而且，赶着要使对方满意的，并不是在小的方面，而是在老的方面。彼此之间的关系朝着互相尊重、互相友爱、彼此合作的方向发展。[②]

---

① 林语堂：《中国人》，群言出版社2009年版，第118页。

② 李景汉：《北京郊区乡村家庭生活调查札记》，生活·读书·新知三联书店1981年版，第44—46页。

当然，家庭中公婆、父子、婆媳关系的融洽程度是因人而异的，并不是每对婆媳都存在冲突和矛盾。有些家庭一家人的性格都比较温和，婆婆和儿媳的关系也很好。公公权力较大的家庭，婆媳纷争也相对较多。魏村有一户土改中被认定为地主的家庭，这个所谓“地主婆”和儿媳们的关系就不尽如人意，她的这些儿媳们如今都六七十岁了，认为丈夫怕公公，所以也就敬畏婆婆，但婆婆和几个同村居住的儿媳们关系不尽相同，主要看儿子、儿媳妇的性格，儿子与儿媳妇的亲密程度和儿子在母亲和媳妇中的沟通。

20 世纪 80 年代，魏村有一家人的儿子考上大学，成了有工作的人，脱离了农业农村，但家还在魏村，妻子没上过学。这样儿子和儿媳地位悬殊较大的家庭，婆婆就比较强势。人们认为婆婆强势的主要原因是丈夫自己看不起妻子，也就是说，夫妻之间没有趣味，也没做到相敬如宾。加之这个家庭的父亲在家族中比较有权威，丈夫也维护父母的权威，有冲突时会说妻子“家里不缺你一个做饭的”，他把妻子仅当作“做饭的”让妻子很伤心。这对夫妻的公婆已经去世很多年了，但他们的夫妻关系并没有相处得很好。丈夫对妻子“做饭的”的角色定位当然不利于夫妻关系相处。改革开放之前，魏村的男性确实有直接称呼女性“做饭的”“烧火的”或“烧炕的”。结婚似乎是不一件价值理性的事，称谓彰显着工具理性，夫妻之间多数能够“相敬如宾”，像马克斯·韦伯说的，这种婚姻“缺乏那种一见倾心、刻骨铭心的真正爱情。和谐但并不美满，舒适但并不幸福”①。

在传统家庭中，因为家庭成员在一个屋檐下相处的情况较多，所以家庭的结构相对复杂。在复杂的结构系统中，不同的子系统之间在博弈中获得平衡需要各方的妥协。就笔者的调查，婆媳这一系统的冲突相对表面，背后事实上是父子之争，婆媳关系的好坏与丈夫和妻子彼此的好恶有关。夫妻若能志趣相投、相敬如宾，婆媳也多数相安无事。当然，妻子嫁到丈夫家，是一个由客人逐渐变为主人的过程。在这个过程中，原来的家庭成员，包括丈夫，要接受一个新成员的存在、安排一个新成员的角色、学习与新成员互动，这一点无论传统家庭还是现代家庭，都没有太多改变。现在，因为家庭成员之间彼此居住上的分离，婆媳矛盾已经不再突出，但父子之争依然存在。魏村新结婚的家庭基本上都不常住魏村，不过多数新家庭的经营还在魏村。年轻

① 高海清、李家巍：《韦伯：摆脱现代社会两难困境》，辽海出版社 1999 年版，第 8 页。

一点的父母为新家庭承担较多在田间的工作，收入归新家庭。农业现代化解放了女性在田间的劳动，年轻的女性几乎不去田间干活，一起干活的通常是父子，父子之间的冲突远大于婆媳的冲突。

二　夫妻关系中的男性

男性称女性“烧火的”“做饭的”，女性对男性自然也有称呼，如“当家的”。2000 年以前，在魏村提到“当家的”，毋庸置疑是指男性。而今说到“当家的”，性别就不一定了。比如魏村谁家要卖一只羊，谈论价钱的过程中，买羊的人或许会问一句“你家谁当家”，买羊人要找到能做主、说了算的人，否则买卖做不成。家庭是以夫妻这条横轴为基础组建，之后才有纵轴上的发展。几十年间，在魏村夫妻这条关系轴上，社区及妻子对男人或丈夫的一些角色期待一直没有改变。如男人应该是“养家的”，一户人家日子过得红不红火、农田经营得不好，主要认为是男性的责任。在 20 世纪 90 年代之前，丈夫养家的同时，可以当得了家。当然，魏村的女性从来不是等闲之辈，她们是“家里家外一把好手”，不需要靠丈夫生存，但丈夫一定得有养家的本事才能得到妻子的尊敬。至于“当家的”身份，魏村的男性并未能牢牢把握。魏村人谈到一些男性时，说“他当不了老婆的家”已经是不足为奇的评论，很多男性都“当不了老婆的家”，这并不代表他们在家庭中没有话语权，大多是他们一个人说了不算，遇事要和老婆商量的意思。所谓“兄弟如手足、老婆如衣服”几乎从未发生在魏村，兄弟之间的家庭纠纷和瓦解，主要是因为他们的妻子之间无法认同。其实，中华民国时期就有调查认为“对于今天的男人，爱的主要对象是他们的妻子”①。

直到 20 世纪 80 年代，魏村的婚姻基本都是经人介绍的。即便两家人相识，中间也需要一个媒人。媒人详述男女双方个人和家庭的优点，由两家父母决定青年男女是否见面。若见面，任何时代的青年男女在面对一个陌生的异性时，都有喜欢不喜欢之分。如果女方不中意男方，媒人会尽量用男方的个人优势和家庭条件说服，对于女性来说，找个好“婆家”尤为重要；若男方不中意女方，媒人的态度就由“说服”变为“硬塞”。“女人娶过门都一样”是媒人和男方家长在男方不中意女方时给他灌输的观念，“都一样”就是

① 郑全红：《中国家庭史》（第 5 卷），人民出版社 2013 年版，第 86 页。

指女性在做饭生孩子方面的高度一致性，这也应了费孝通先生所说的“人间所以有夫妇的结合，无非是为了要使孩子们能得到适当的抚育”①。媒人作为中间人，并不负责夫妻在观念、感情、兴趣、习惯上的契合，而是以经验尽量进行门当户对上的匹配。“再加上乡间的妇女数一向是稍微较少于男子数，当然这就不利于乡间的男子找他的对象。如果他不同意乡间一向流行着的‘丑妇近地家中宝’这句老话，那么他的精神生活在这方面就要更受到一些刺激，这是近人情的。”② 无论乡间还是城市，对夫妻“配偶”“老公、老婆”“伴侣”和“亲爱的”等一系列称呼的变化，也一定程度反映人们对夫妻这一轴由功能到情感要求的转变。过去男性即便不中意女性，也不免在媒人一语中的的劝解下半推半就，与女性彼此成为“配偶”。

如今魏村的青年男女在谈婚论嫁时，依然有找个媒人的习俗，但随着恋爱和婚姻的自主，媒人的角色已经和以往大有不同，通常是年轻人自己找好了“亲爱的”，如果结婚，两家人找个合适的媒人走结婚的流程。男性对女性的称呼从“烧火的”到彼此是“亲爱的”的变化，以及男性在公众视野中从“当家的”到“他当不了老婆的家”的变化，都体现出魏村人在性别平等和家庭民主方面的进步。“亲爱的”包含了魏村人对夫妻中另一半的高度接受和彼此的情投意合。

时代的进步和性别的觉醒使魏村人在婚姻中获得更为独立的人格，女性不再“嫁鸡随鸡，嫁狗随狗，嫁个扇担抱着走”；男性也放弃了对妻子“以顺为正”的要求和评判标准。夫妻关系从“夫妇有别”走向“夫妇有爱”③，魏村大多数夫妻之间能够平等对待。“柴米夫妻”在日积月累的相处中，每家都有独特的相处方式。

第三节　作为父亲的男性

一旦父亲认识到孩子是自己的“种子”，那么他对孩子的感情就会变得异

---

① 费孝通：《乡土中国 生育制度》，北京大学出版社 1998 年版，第 134 页。

② 李景汉：《北京郊区乡村家庭生活调查札记》，生活·读书·新知三联书店 1981 年版，第 85—86 页。

③ 李景汉：《北京郊区乡村家庭生活调查札记》，生活·读书·新知三联书店 1981 年版，第 39 页。

常强烈。一方面是因为对权力的热爱，另一方面是为了让自己的生命在死后能够继续延续。一个人创造后代，在某种意义上来说就是创造他自己，孩子的生命实际上就是父亲生命的延长。①

一　“严父”与“慈父”

魏村父母和子女的相处关系，很难用“严父慈母”或“严母慈父”概括。直到现在，魏村的孩子如果没有上大学，通常20岁出头就结婚了。20世纪八九十年代之前，不到20岁结婚的青年比比皆是。若三代或四代同堂，小家庭生育孩子后，父母很难马上获得管教孩子的权力；祖辈对孩子拥有更大的教育权和话语权。父亲在家庭中地位的确立，只有当父子分家后才能确定。直到今天，还可以在魏村看到一个70岁的父亲对50岁的儿子表达不满时说“都是你爷爷（娇）惯你成这个样子”。

上文说魏村男性有“传宗接代”的使命，有通过生育孩子尤其生育男孩来确定男性气概的愿望，但是他们对女孩也不错，很少有家庭表现出明显的重男轻女。传统的父亲对儿子们进行打骂教育，对女儿倒是温和得多。子女们一般都怕父亲严声厉色，对父亲的敬畏多于亲密，对母亲则相反。② 即便有些家庭的父亲不那么严厉，但魏村的文化中，子女多少对父亲是有敬畏的，传统家庭中，决定一个家庭氛围的往往是父亲。如果父亲性情温和，家庭气氛相应较好；如果父亲脾气暴躁，家庭氛围就比较紧张。一个家庭父亲过于严厉，母亲必然不会过于慈祥。父亲的严厉不单单表现于对子女的严厉，他们对妻子态度也是一样。而魏村女性“家里家外一把好手”的能力，必然不会听任丈夫指手画脚，家庭氛围如同“踢猫效益”一样，一个暴躁的男人生产一个暴躁的家庭。笔者亲眼见过一位母亲用菜刀背砍自己的儿子，原因是货郎来了儿子要买些糖果，母亲不给钱，儿子便哭闹，做饭的母亲便用刀背砍儿子。当然，她可能自己认为能够把握轻重，见母亲如此厉害，儿子马上不敢再哭闹。这家的丈夫就是上文提到的魏村的首富，人们公认的情绪管理不好的男性。魏村其他家庭也是一样，父亲过于严厉，母亲对孩子要么沉默，

---

① ［英］伯特兰·罗素：《罗素的极简智慧》，哲空空编译，北京时代华文书局2014年版，第135页。

② 李景汉：《北京郊区乡村家庭生活调查札记》，生活·读书·新知三联书店1981年版，第41页。

要么同样严厉。所以，一个家庭要么是“严父严母”，要么是“慈父慈母”，很少有“严父慈母”的情况。这里所说的“慈”与“严”是态度，不是情感。“慈母手中线”中的慈母，更多是情感的表达。

论及父母对子女的爱与情感，魏村的父母大多称得上“慈父慈母”。无论对孩子们态度如何，他们都力所能及地给孩子最好的东西，母亲们给孩子做她们能做出来的最好吃的饭，缝制最好的衣服；父亲们把田地里的重活留给自己干。孩子们结婚，他们极尽所能地盖房子、准备嫁妆等。就连打孩子的母亲和情绪管理不好的父亲，若让村民评价，他们也是很好的父母。几个儿女娶亲出嫁，他们都按照村里的最高标准准备婚房嫁妆。女儿出嫁后，这位父亲同样非常关心女儿的日子，用自己的经验为女儿家庭的经营提供了很大的帮助和支持。

传统的父亲因为有“男人一堆儿”的男子主义，和女人、小孩因为不是同类，所以沟通说话也少，家里主要是母亲负责和孩子沟通，母亲是父亲的代言人。所以，所体现出的矛盾通常是母子、母女、婆媳的矛盾，父子、父女矛盾不多。当然，像费孝通先生所说的，魏村的父子、父女之间也有“世代之间的隔膜”。“他既不能抛脱他的父母，因为父母是他生活的授予者和保障者，而且又有童年期亲密的感情把他们互相锁住；他又不能抹杀了自己的希望，跟着前辈走上一条他认为是死路上去。世代的兴替，社会的变迁，不知在多少人的心头玩弄过这套绞人心肠的把戏。”①

二　魏村的慈父们

“食色，性也”是人类生活的两大基本要求。魏村的父辈对子女态度中的“严”和情感中的爱，与“食”的满足程度有关。假如把夫妻、父子沟通的技巧、彼此的志趣都认为是精神生活的话，人类在“谋生”阶段，不会太重视，或无暇顾及精神层面的生活。

魏村人过去常说“养活孩子不容易”。“养活”是个非常形象的词，“养”是行动，“活”是状态。魏村人常说，钱是一分一分从土里抠出来的，即农业是他们唯一的收入来源，在农业没有现代化之前，他们需要在田地里投入大量的人工劳动，而且收入并不高，他们管用种地谋生叫“抛闹”生活。“抛”

① 费孝通：《乡土中国 生育制度》，北京大学出版社 1998 年版，第 209—230 页。

是典型的两只手不停歇的动作，“抛闹”的目的，是养家糊口、把孩子养活成人。他们并不强求把孩子培养成什么样的精英人才，更重视孩子在身体上是一个健康的人，成年后可以继承他们的生活，娶妻生子。父母在打骂教育孩子的时候，经常说“养活你容易吗”？田间劳动已经使他们的身体过度疲劳，这时孩子不听话，他们用打骂这样非常直接的方式处理，可以降低对精神的进一步消耗。过去的养活和现在的养活不同，过去，活的状态是生存；现在，活的状态是生活。这是两个不同层面的“活”，在追求生存的情境中，谈讲话艺术、沟通技巧，在魏村人看来未免显得矫情。如今生活条件好了，几乎不用和魏村的父母们谈亲子教育、沟通技巧，他们自己已经非常重视。魏村现在几乎已经没有态度上的“严父”，“严母”倒是多了起来。母亲负责管教孩子的学习，所以冲突是常有的。但现在的“严母”不会像过去的“严父”一样能影响整个家庭的相处氛围，“严母”主要进行就事论事的管教，尤其是孩子学习上的管教，父亲不太参与这些。魏村管孩子学习的母亲们开玩笑说：“不谈学习怎么都行，一谈学习就是仇人。”这与城市里让很多父母普遍焦虑的孩子教育是一致的，魏村人如今养活孩子的焦点，已经从过去的“成人”变为现在的“成才”。过去魏村人在土地里讨生活，父母教育孩子吃苦，比如“吃得苦中苦，方为人上人”中的“苦”在魏村并未作太多引申，苦就是田地里工作的苦，只有多投入辛苦，田地才能多回报，家里的日子才能过得好一些。今天魏村父母对孩子的教育，不再是未引申的吃苦教育，他们为孩子进行技能方面的投入和学习上的投资，希望他们不再吃农村人的苦。

教养方式、亲子关系当然与少子化和生活水平的提高有关，魏村现在再不会出现孩子哭闹要糖，母亲用刀背砍的情况。母亲即便不给买，通常也会讲道理。父母给孩子零花钱，孩子还可以在家庭中发表意见，并几乎成为家庭的主要消费者。经济条件的好转使人们有暇顾及精神方面的生活，包括父子感情的沟通和培养，在魏村经常可以看到年轻的父亲抱着孩子玩，父子之间“勾肩搭背”的情景经常发生；父亲们不再过分内敛，学会了表达自己的情感。年轻的男性们对妻子、对孩子在情感上比他们的祖辈、父辈开放得多。

第三章 21世纪前的魏村婚姻家庭

文化人类学将家庭定义为“共同使用火（厨房）”，也就是一起吃饭的共同体。所以如果发生“另起炉灶”的现象，就被看作发生了住户分离（因而经常有家庭分离）。[①] 魏村日常说的分家，首先也是“火”的分离。一个大家庭长辈住东屋，儿子住西屋，但另起炉灶就意味着“分家”。如果一个家庭有几个儿子，先结婚的儿子“另起炉灶”，等最后一个儿子结婚就不再分火了。所以，魏村通常是幼子养老。而即便分火，一个大家庭因有“家庭姓氏的共同”“家庭住房的共同”“家庭财产的共同”“家庭生计的共同”等，依然能够形成家庭意识的共同体。[②] 魏村的经济以农业为主，家庭作为一个整体一起耕种土地，一起辛劳或享受。

第一节 新中国成立前后魏村的婚姻家庭

魏村人对家庭有着乌托邦想象，认为家庭是永恒、普遍和持续不断的。直到新中国成立前后，魏村家庭的发展，依然没有打破这种乌托邦的想象。家庭如愚公移山，“子又生孙，孙又生子；子又有子，子又有孙；子子孙孙无穷匮也”。“人类有孩子才有婚姻”[③]，“婚姻是为了确立抚育而发生的”[④]。婚姻中对亲子关系的偏重直到21世纪才有明显变化。21世纪以前，经济的结合

① ［日］上野千鹤子：《近代家庭的形成和终结》，吴咏梅译，商务印书馆2004年版，第4页。

② ［日］上野千鹤子：《近代家庭的形成和终结》，吴咏梅译，商务印书馆2004年版，第6页。

③ 费孝通：《乡土中国 生育制度》，北京大学出版社1998年版，第224页。

④ 费孝通：《乡土中国 生育制度》，北京大学出版社1998年版，第259页。

在并只在家庭，家庭是生计和养育的共同体。

一　“再嫁”和“续弦”

“根据唯物主义观点，历史中的决定性因素，归根结底是直接生活的生产和再生产。但是，生产本身又有两种。一方面是生活资料即食物、衣服、住房以及为此所必需的工具的生产；另一方面是人类自身的生产，即种族繁衍。一定历史时代和一定地区内的人们生活于其下的社会制度，受着两种生产的制约：一方面受劳动的发展阶段的制约，另一方面受家庭的发展阶段的制约。”①

新中国成立之前，魏村当时五十户左右的家庭中，以魏姓家庭居多。魏村的魏姓都是本家，但不是大家族式的联合家庭，每个结婚的儿子几乎都分离出去一个核心家庭，老人在全部儿子结婚后通常和幼子生活。那时魏村没有离婚家庭，但由于人均寿命低，医疗卫生条件差，人口死亡率高，所以“再嫁”“续弦”等现象非常普遍，人们以这种方式保持家庭的延续性和家庭功能的完整性。

20 世纪 20 年代之前出生的魏村女性，一般都是裹了小脚；20 世纪 30 年代之前出生的，有一些是“解放脚”，即裹了一半放开了。20 世纪 30 年代后期出生的女性，脚基本正常了。女性裹脚后，无法做农活，所以新中国成立前，也没有对女性“家里家外一把好手”的要求，她们仅需扮演好做饭烧火、相夫教子的角色。R. M. 麦克尔弗、C. H. 佩奇强调家庭养儿育女的生物功能，甚至认为“婚姻关系生育就足够了”②。大家庭和核心家庭都有许多功能，核心家庭的作用是提供一个家，生儿育女以及满足性的需求；在父权制下，大家庭通常是长老统治的一个经济体。在大家庭中，某种程度上女性不是一个人的伴侣，而是家族的财产。和日本一样，最关心选个好儿媳妇的不是儿子本人，而是整个家庭。③

2001 年，魏村一位 86 岁的女性老人去世。魏村人说“这位命硬的老太太终于走了”。说她命硬，是因为她先后嫁了三个丈夫，第一位在她 30 多岁时病死，第二位在她 40 出头时战死，第三位在她不到 70 岁时自然死亡。第三

---

① 中共中央马克思恩格斯列宁斯大林著作编译局：《马克思恩格斯选集》第 1 卷，人民出版社 1972 年版，第 2 页。

② R. M. MacIver, Charles H. Page, *Society*, *An Introductory Analysis*, London: Macmillan, 1950.

③ ［美］鲁思·本尼迪克特：《菊与刀》，陆征译，译林出版社 2015 年版，第 89 页。

位去世后，她没有再嫁，也不需要再嫁，她已经到了养老的年龄，而且有“老有可养，老有可依”的儿子。不像第二次、第三次婚姻，她需要抚养第一次和第二次婚姻中出生的孩子。就第二次婚姻而言，她作为一个家族里丧偶的女人，被当作财产转给她的第二任丈夫，她和第一任丈夫的三个孩子留在婆家。对于她的走和孩子的留，她自己都没有自主权。第二任丈夫死后，留下两个不到三岁的孩子，再嫁是当时的生存需求和最有效的养育手段。

女性通过嫁人给自己和未成年孩子寻找庇护所，而妻子去世的男性，则通过续弦找个“做饭的”“烧火的”。那个年代男性通常不擅长家务，对于他们来说，家里不能没有女人。“女人”的角色缺位后，他们很快寻求对象进行功能性替补，这些现象并不能证明他们对前妻或者前夫没有感情，就如前文说的“食色，性也”。女性找男性吃饭，男性找女性做饭吃，都在满足人的基本需求。

1950 年公布施行《中华人民共和国婚姻法》后，魏村出现了村史以来的第一个离婚案例。笔者访谈时，当年离婚的老人已经 80 多岁，他说前妻是山西逃荒到这里的，他们兄弟六个，家里穷，把逃荒的收留成自己的妻子，并且养育了两个孩子。《中华人民共和国婚姻法》公布实施后在大队宣传，魏村和周围几个村庄都出现了离婚的家庭。他的前妻说想回老家，就离婚了；离婚后，他很快就再娶并又生育了四个孩子。

女性的地位、男女的分工、家庭的结构和社会的经济发展水平都使这一时期的婚姻表现出更多的生物功能。男女的结合为了传宗接代，若结合因一方死亡等原因中断，就会有新的结合，新的结合主要为了养育的持续。

二 生物性父母与社会性父母

费孝通先生认为婚姻是为孩子们确定父母的手段。他把亲子关系区分为生物性的亲子关系和社会性的亲子关系，他说：“我们应当把生物性的亲子关系和社会性的亲子关系，在概念上，加以区别。婚姻的目的是在确定社会性的父亲。对于生物性的父亲的确定。倒还属于次要。事实上父与子的生物关系的要求确定本身是一种社会的规定。”① 社会性父亲的重要性除去费先生所说的在很多民族中两性关系并不以婚姻始也并不限于夫妇之间，在魏村新中

① 费孝通：《生育制度》，天津人民出版社 1981 年版，第 29 页。

国成立前后的婚姻中，对社会性父亲的重视还归于妇女的地位不高，妇女除了在情感上支持孩子长大，经济上几乎无能为力。但一个家庭又离不开女人，所以，男女作为“抚育的共同体”时，主要确立的是社会性父母的关系。马林诺斯基说得很明白：家庭不是生物团体的单位，婚姻不是单纯的两性结合，亲子关系亦不是单纯的生物关系。[①]

笔者合理判断新中国成立前后的婚姻中，男性和女性对孩子生物性父母的重视程度低于如今的婚姻家庭。比如上文提到的嫁了三个丈夫的女性在当时并不是个案。疾病、意外等导致夫妻双方中一方死亡的情况很多，所以续弦、再嫁的情况也多。此外，一些家庭还有抱养、换子、过继等情况，比如连续生男孩或女孩，就和别人家换一下；有些家庭生了孩子养不活，就送养给别人家；无儿子的家庭，从兄弟家过继一个来做儿子。这些情况并非天方夜谭，而是司空见惯。所以那时魏村一个家庭中的孩子，同父异母、同母异父甚至不同父不同母的情况很多。“重组家庭”的未成年孩子通常都随新的父亲姓，称呼当前家庭的父母为爸（魏村人称呼爸为“大”）妈，“后妈”被污名化似乎是文艺作品里的情况。笔者在魏村调查期间遇到的一些在同父异母或同母异父家庭中长大的老人，他们说不出后妈有什么不好，因为那时女性事实上没有分配资源的权力。对于非亲生父亲，有些说比较公平，有些认为对亲生儿子稍好一点，但也没有很大分别。资源有限的情况下，要保证每个孩子都活下来是没法有太大分别心的。一个家庭作为经济的共同体，“火”的共同体来养育孩子成长，养育的过程是一个社会性而非生物性的过程。

除了重组家庭的亲子关系，魏村还有如前文提到的“借精生子”的情况。当然，在任何一个时代都有婚姻之外的性。农村对性的开放程度并不低，就如费孝通先生所说的，“婚前和婚外的两性关系，即在我们这种把贞操观念看得特别严重的社会里，还是不能绝迹的”[②]。阎云翔也认为“要知道，在性的问题上，农民的态度其实比社会上层要开放得多”[③]。魏村的人们闲话时，偶尔提到“那个谁其实是谁生的，他和某人是亲兄弟”。这样的闲话，即表明那时婚外性关系的存在，而且这种关系一旦发生，似乎在整个村庄不言自明。

---

① 费孝通：《乡土中国 生育制度》，北京大学出版社 1998 年版，第 101 页。

② 费孝通：《乡土中国 生育制度》，北京大学出版社 1998 年版，第 125 页。

③ ［美］阎云翔：《私人生活的变革：一个中国村庄里的爱情、家庭与亲密关系（1949—1999）》，龚小夏译，上海书店出版社 2006 年版，第 77 页。

但婚外性关系所生的孩子，和生物性父亲是没有关系的，人们只承认他/她的社会性父亲。

婚姻是通往家庭生活和生育子女的途径。[①] 无论在什么地方，两性关系尽管可以在一定限制下享受相当的自由，可是关于生孩子这一件事却很少含糊，一般都有很严谨的规律，而且这种规律总是以婚姻为基础的，这也说明了婚姻与生育的关系重于与两性的关系。[②] 新中国成立前后魏村的婚姻，无论夫妻之间的情感如何，或者婚姻关系是否重组、是否有婚外性关系，婚姻始终保持着抚育的规范。

第二节　改革开放前后魏村的婚姻家庭

对婚姻讨论的核心，似乎总是围绕着妇女的。纵向看婚姻中两性的关系，妇女地位和角色的变化大于男性地位和角色的变化。妇女在婚姻中的地位一直是稳中有升的状态，而男性处于稳中下降的状态。改革开放前后，妇女的家庭地位、权力及角色有了较大转变，家庭结构的进一步核心化和集体经济的式微使父亲在家庭中的地位变得不稳定。如果家庭不幸福，女性寻找家以外的“庇护所”的意识觉醒，而非一定维持原有的家庭或在家庭发生变故时马上寻找新的庇护所。改革开放前后，魏村几乎没有离婚的家庭，有个别妇女因为家庭矛盾离家出走，但丈夫找找就回来了，人们对离婚依然非常忌惮。

一　有商量的婚姻

20 世纪 30 年代，费孝通先生在描述江村的婚姻时说“儿女的婚姻大事完全由父母安排并服从父母的安排。谈论自己的婚姻，被认为是不适当的和羞耻的。因此，这里不存在求婚的这个说法。婚配的双方互不相识；在订婚后，还要互相避免见面”。[③] 魏村直到 20 世纪 70 年代情况还有些相似，但也发生了变化。女性依然要避免公开谈论自己的婚姻，订婚后通常也要避免见面。

---

① R. M. MacIver, Charles H. Page, *Society*, *An Introductory Analysis*, London: Macmillan, 1950.

② 费孝通：《乡土中国 生育制度》，北京大学出版社 1998 年版，第 126 页。

③ 费孝通：《江村经济》，商务印书馆 2001 年版，第 52 页。

调查中一位 1970 年与丈夫订婚的老人说，她和丈夫订婚后，虽然同村，但并不经常见面，有一次她骑着自行车过一个水渠，正在浇地的准丈夫见她被水渠挡住，帮她把自行车抬过去，但整个过程中两人都没有说话。询问高某当时是不是中意丈夫，她说是的。丈夫读过书，其实村里还有别的女孩喜欢他，并且女孩家托人上门提亲，丈夫通过母亲拒绝了，转而向她家提亲。这样看来，20 世纪 70 年代，魏村的青年男女虽不私下里进行求婚，但他们已经开始和家人、和他们的同龄人谈论喜欢的对象，有针对地提亲。

父母挑儿媳妇主要是两个职能，即是能延续家事及对家中的经济有所贡献。[①] 这一时期青年人挑对象当然还要符合父母的要求，但同时也要自己看对眼。他们的婚事可以不完全由父母来决定，自己有和父母表达意见的权力，如果父母认为他们的意见合理也会尊重。魏村人谈论婚姻时，有一句话叫“强扭的瓜不甜”。即男女双方彼此不中意的婚姻不会幸福。费孝通先生曾说：“一个理想的夫妇关系是要具有双重职能：一方面是能胜任社会所交给他们抚育孩子的事务；一方面是两人能享受友谊爱好的感情生活。”[②]

魏村距离县城近，恢复高考和改革开放，魏村人是先行受益者。改革开放之前，魏村的通婚半径大约 20 公里。现年 70 岁左右的老年夫妇，结婚前很多是同村或邻村居住。距离较远一点的，基本属于亲属网络扩展的婚姻。有一个从山西走西口到魏村定居下来的大家庭，家有五个儿子。魏村比山西老家富裕，这一家儿子们的结婚对象基本从山西找；一方面是过去的乡亲；另一方面女方家要的聘礼少，婚姻成本较低，重要的是女方家希望把女儿嫁到一个好地方。一个山西姑娘嫁到魏村，总能有三五个亲、表、叔姊妹跟着嫁过来。魏村现在的夫妇中，从 80 岁到 50 多岁的，有五对亲姐妹都嫁到了魏村，20 世纪 90 年代之后，择偶范围和通婚半径扩大，选择对象增多，这种现象就很少见了。改革开放后，有些上过学的女性有了嫁到城里的机会。通婚半径从步行的距离，扩大到骑自行车的距离，又扩大到乘“公共汽车”的距离。媒人不再是固定的，村民之间都互相熟悉，他们外出或与人交往的过程中，发现适合村里小伙或姑娘的对象也会充当媒人的角色。20 世纪 80 年代，魏村人从外面找对象似乎成为一种风气，女孩能找个“上班的”，村里人

① 费孝通：《江村经济》，商务印书馆 2001 年版，第 53 页。

② 费孝通：《乡土中国 生育制度》，北京大学出版社 1998 年版，第 153 页。

会说“找好了”，因为家里有了工资收入。20 世纪 80 年代，魏村的青年不再停留于仅仅找对象，尤其女青年，要找好对象。

婚姻的不稳定不是从离婚，而是从订婚后退婚开始的。20 世纪 80 年代之前，魏村人订了婚通常就不会有什么差池，订婚后的两家人在农闲时选个好日子为子女办结婚仪式。改革开放以后，魏村开始出现退婚的现象。“退婚”就是指在订婚之后，男孩或女孩觉得两人相处不好，或者订婚之后两个家庭发现对方不好相处或发生矛盾，就选择退婚。无论 20 世纪 80 年代的“退婚”还是后来的“离婚”，女性提出的居多。退婚对双方都有一定“声誉”上的代价，订了又退，再介绍对象时对方总希望弄明白真相。另外，对于女方来说，退婚需要把男方提供聘礼全部退回去，有时男方还要求在聘礼之外多赔一些钱。若女方家觉得这门亲事实在不合适，家长也愿意为女儿赔。总之，婚姻中，魏村人越来越尊重结婚对象本人的想法，完全由父母做主的婚姻很少了。

“自由恋爱”在 20 世纪 80 年代开始流行，有些彼此吸引的男女青年，开始自主选择婚姻，但父母并没有因他们有一定的婚姻自主性而从中退场，如果年轻人的自主对象父母满意，通常皆大欢喜；如果不满意，父母也会从中阻挠，年轻人通常“小胳膊拧不过大腿”。比如 20 世纪 80 年代魏村一个女青年和来村里走亲戚的一个男青年恋爱，她的父母对男青年以及他的家庭并不满意，知道两人约会后，女青年的父亲打了男青年。男青年家庭知道孩子被打后，派人去理论，双方不欢而散，这样的亲事往往成不了。也有在父母反对下结婚的情况，魏村的一个小伙子和过去的女同学谈恋爱，女同学家庭觉得小伙子家穷，拿不出他们要的聘礼，不同意女儿嫁给他。如今近 60 岁的“小伙子”骄傲地说“她大（爸）不同意也没有办法，我搂都搂、抱都抱了”。

“抱”“亲”这些在当时价值观中不合时宜的行为一旦发生，意味着青年男女彼此之间的相互拥有。可以看到，在 20 世纪 80 年代，婚姻的风气已经有了非常自由的转向。尽管存在父母的干涉，男女青年一旦离开家，父母的干涉余地就变得非常小。婚姻双方基本属于自愿而非强制的结合，就算前面提到因自己恋爱惹父亲大打出手的女儿，后来的结婚对象也是自己愿意的。

走向婚姻的双方，不仅要让父母满意，还要自己看得上，彼此有“感情”，费孝通先生解释感情为“所谓感情相当于普通所谓激动，动了情，甚至说动了火。用火来形容感情，就在指这动的势和紧张的状态，从社会关系上说感情是具有破坏和创造作用的。感情的激动改变了原有的关系”[①]。这一时期的婚姻，哪怕通过他人介绍，或者父母对双方家庭有所了解，也要“让结婚双方了解了解，培养感情”，更有男女青年自己通过了解培养了感情。年轻人对“感情”的要求自然是对原有婚姻制度的挑战，但这种对“感情”的要求，不是一夜之间突发的。魏村 20 世纪六七十年代的婚姻，父母虽能一定程度上做主，但双方也要看得上，而且，20 公里的“通婚半径”决定了结婚男女在婚前不可能完全不了解。只是像费先生说的，感情若激动到动了火，就会导致紧张的势态。比如 20 世纪 80 年代后，魏村称不听父母劝阻、不顾一切和男方结婚的女孩叫“跟人跑了”，这样的说法显然表明在村庄文化中，并没有完全把青年男女的感情放置在第一位。可以说，在这一时期，走向婚姻的青年有了一定的自主权和父母商量的权力，他们开始重视婚姻中的感情基础。

二　回得去的娘家

尽管有些家庭“拉拉拽拽”生的女儿比较多，但受生育偏好的影响，总体而言魏村女青年少，男青年多。魏村有娶不到媳妇的男青年，但村史上从没有嫁不出去的女青年，哪怕智商或身体有缺陷的女性，也能够以招赘或嫁丧偶、贫困、比女方年龄大的男性等形式结婚。这种情况持续了百年，与费孝通先生在江村的调查相似，比如他调查到江村 1/4 的适龄男子仍是单身汉，25 岁以上的妇女没有一个未婚的。[②] 所以，在婚姻中，尤其到了改革开放，女性获得一定自主权后，通常成为婚姻的主宰方。调查中了解到的魏村的退婚、离婚事件中，基本都是女性提出的。但在近十年有了新变化，男性主动提出离婚的案例开始增多。魏村的女性提出离婚要付出很大的代价。尽管改革开放，经济条件好转，但结婚时房子是婆家的、土地是婆家的，离婚意味着两个人空间上的分离，那时并没有离婚后还居住在一个屋檐下的情况。女方是娶回来的，一旦离婚，约定俗成意味着女方要离开婆家。女方离开不进行财产分割，也不可能把房子和土地带走。尽管如此，也有女性坚持离婚。若离婚的女性有了新的心仪对象，就直接和心仪对象走了；没有心仪对象，通常就回了娘家。不像在新中国成立之前，出嫁的女性无论处于什么境遇，

① 费孝通：《乡土中国 生育制度》，北京大学出版社 1998 年版，第 43—44 页。

② 费孝通：《江村经济》，商务印书馆 2001 年版，第 61 页。

娘家是很难回去的。文化是一方面的原因，更重要的是物质匮乏，娘家通常至少有一个和父母没分家的哥哥或弟弟，或没结婚的兄弟姐妹在，一旦出嫁，回娘家要考虑多重关系，而且女性带孩子回娘家就增加了娘家吃饭的人数。所以，娘家对出嫁女儿文化上的排斥，背后的核心是家庭、财产利益。

除娘家回不去，女性也很难从婆家离开。未实行家庭联产承包责任制以前，一个大家庭内的小家庭虽然也可能“另起炉灶”，但整体上，要服从大家庭的管理和劳务安排。同时，家务和生儿育女占用了女性大部分时间，她们很少有时间得空回娘家。实行家庭联产承包责任制以后，虽然农业仍然没有现代化，一个大家庭内依然需要劳务的合作，但经济条件好转，家里多一两个吃饭的人并不影响家庭其他人的生存和吃饭，女性回娘家还能给娘家暂时增加一个劳动力。所以，对于夫妻打打闹闹、日子实在维持不下去的家庭，双方的父母起先会尽力劝说维持；实在无效，双方父母也会接受。离婚的妇女通常净身出户，不带走财产，也不带走孩子。

对于离婚的女性，娘家是首选的暂居地，她们通常在一两年甚至更短的时间内就会选择再嫁。魏村有一家人的女儿离婚后回到魏村，不到半年就再婚了。那一时期女性离婚依然会背负一定污名，这位女性因丈夫不同意离婚，沸沸扬扬闹了好久，离婚才得以达成。离婚后，她暂居娘家，没有外出务工。在一个亲戚的介绍下组建了新家庭，她的第二任丈夫童年时脸部被烫伤过，属于当时农村的“剩男”，因她有过婚育史，选择的机会并不多，同意嫁给了他。无论如何，在20世纪80年代，嫁出去的女儿不再是泼出去的水，她们和父母依然有联系，婚姻遇到问题或生活遇到困难时，父母通常也会施以援手。

除离婚的案例，20世纪80年代已经有女性的晚婚现象和非入赘、男女非同村但出嫁后依然和父母生活在一起的情况。按照魏村男女20岁左右就结婚的传统，如果女性25岁还未出嫁，就被称作“老姑娘”。那一时期魏村的两位所谓“老姑娘”都读过高中，择偶上的“高不成低不就”让她们没能很快找到心仪对象，其中一个退过两次婚，但她们的父母和兄弟都选择了包容的态度，直到她们找到自己满意的结婚对象。另有一个家庭，有四个儿子、一个女儿，女儿自由恋爱嫁给转场到魏村养蜂的温州人。结婚后，女儿不愿意随丈夫到处养蜂或回到丈夫的老家，她的父母便给他们提供了几亩土地，并留出一间房子给女儿女婿住，让他们在魏村安家，几个兄弟也没有提出反对意见。

当然，每个家庭都有每个家庭的生活文化。总体上讲，按照费孝通先生所说的“差序格局”，魏村人只要在经济上有伸缩空间，女儿始终是家作为中心所推出去的圈子的波纹。女儿这个波纹，在新中国成立前后一旦结婚，中心是婆家；改革开放前后，她们的中心有了位移，有的甚至和娘家保持了“共火”的联系。女性娘家婚前不逼婚、不催婚，婚后能回娘家，离婚后娘家能够接纳等多种变化，都给了女性婚姻选择的更大自主和婚后经营家庭的从容。

三　妇女经济的有限独立

一个家庭的权力关系越是纵向的，妇女的经济越不独立；越是以横向的夫妻关系为主，妇女的经济越独立。或者可以这样说，家庭核心化是妇女经济独立的开始。1982年，费孝通先生接受记者访问时，对中国当时的家庭结构就发表了一些看法：“我国家庭大体可概括为四种类型：一是由鳏寡孤独构成的不完全家庭；二是由夫妻和未婚子女构成的核心家庭；三是加进一个老人或一些亲戚的扩大家庭；四是由两代夫妻（父、母、儿子、儿媳或者女儿、女婿）以上组成的大家庭。现在是大家庭多了呢还是小家庭多了呢？结论是小家庭在增长。”[①] 包括父母及未成年子女的核心家庭占大多数，一个家庭的成员平均为5人而且这绝不是一种例外的情况，从中国其他农村地区的材料也可以得出同样的结论。中国农村家庭平均人数大约为4—6人。[②] 魏村的情况也大体如此，20世纪80年代之前，一个家庭有2—4个孩子的居多；80年代之后，一个家庭平均有2个孩子，家庭核心化明显。

费孝通先生1982年在《论中国家庭结构的变动》一文中说：“联系到家庭结构上来说，首先应当提到的是废除了土地私有制，建立了集体生产按劳分配的社会主义制度。家庭作为一个基本生活单位的职能起了变化。它已不再是个主要的生产单位。家庭成员分别按照各人参加集体生产的劳动量得到报酬，共同供给家庭成员的消费需要。”[③] 家庭作为一个共同生产的共同体，无论男女在地位上如何有别，但各自为家庭提供的劳动，以及劳动换来的报酬是不可抹杀的。“过去家庭作为一个生产单位时，家长是这个单位的生产事

① 费孝通：《论中国家庭结构的变动》，《天津社会科学》1982年第3期。
② 费孝通：《江村经济》，商务印书馆2001年版，第43页。
③ 费孝通：《论中国家庭结构的变动》，《天津社会科学》1982年第3期。

业的经营者，全家的收入是由他经手的，所以掌握了财务的支配权，这是父权家长制的经济基础。现在按劳动计工分，加上男女同工同酬，有劳动力的家庭成员成了这个生活单位的'面包获得者'，而且各人对这个单位的贡献是有工分可以计算的。"[①] 家庭的核心化使家长的权力分散，妇女有了在更小范围内体现和实现劳务价值的可能性。"现在中国农村里固然还谈不上妇女经济独立，但是她们已开始一点一点地取得经济上的自主权了。就在年轻一代争取经济自主的过程中，两代之间的关系有时是很紧张的，特别是儿子结婚后家里来了个也挣工分的媳妇。"[②] "家庭变成一个消费合作社，并且它已不是一个生产合作社了。主要生活的中心已不复在家庭中了，妻子，也同她们的丈夫一样，向外活动了。"[③]

改革开放以后，虽然魏村农民没有像费先生的调查地一样办厂，妇女可以到工厂工作，但魏村的一季种植和大量的农闲时间使农民的劳动力没有在农业劳动中充分利用，他们无意识地转向商业经营中，很多家庭养殖家畜家禽，供自己吃，部分卖掉；也有一些农民变成固定做宰杀或买卖家畜的"生意人"，走村串巷低买高卖，当地人称"羊贩子""收皮毛的"，他们很尽力地谋求农业以外的收入。魏村属于人口密度小的地区，在人口密度较大的地区、劳动力向手工业和商业的流动特别频繁。[④] 夫妻双方勤快的小家庭对农业、畜牧和"商业"的经营，很快使他们能有一些收入，虽然妇女说不上有在家庭中的经济掌控权，但家庭单位变小后，很好计算每个个体对家庭的贡献。妇女对家庭贡献的明确，使她们对收入有了一定的支配权。

魏村有一个妇女，丈夫是当时的民办教师，夫妻都很勤快，养了几十只羊，家里有 20 多亩土地，这个家庭几乎是 20 世纪 80 年代村里的第一批"万元户"。妻子的哥哥生病住院，拖欠了 600 多元医药费，请求妹妹帮忙付医药费。这位妇女说自己很不情愿，她很清楚哥哥的情况，帮助付了不可能要回来，但丈夫很慷慨，同意给妻舅付钱。因为 600 多元在 20 世纪 80 年代是一笔巨款，这位妇女记得很清楚，这就说明丈夫认可妻子在家庭劳动中的付出，并认同回报共有。更重要的是，家庭核心化使小夫妻对经济有了一定的支配

① 费孝通：《论中国家庭结构的变动》，《天津社会科学》1982 年第 3 期。
② 费孝通：《论中国家庭结构的变动》，《天津社会科学》1982 年第 3 期。
③ 高达观：《近代家庭之进化》，《安徽大学月刊》1933 年第 1 期。
④ ［俄］A. 恰亚诺夫：《农民经济组织》，萧正洪译，中央编译出版社 1996 年版，第 83—84 页。

权，这是有些家庭走向“女人当家”的开始。

魏村还有一些女性，通过做裁缝、做村医，或在农闲时务工直接获得现金收入。女性在婚前越脱离农业，有独立现金收入，她们在结婚时越有选择余地，能找到“好对象”。这也说明男方家庭对女性的要求有了进一步提高，验证了费孝通先生说的“挑儿媳妇主要是两个职能，即是能延续家事及对家中的经济有所贡献”①。女性无论已婚还是未婚，她们在这一时期固然谈不上经济独立，但有了一定的经济和财务上的自主权。一方面，经济和财务上的自主性越大，她们就越自由；另一方面，男方对女性在家中经济贡献的要求，迫使她们有经济收入的能力，也进一步要求女性成为“家里家外一把好手”。

第三节　20 世纪最后十年魏村的婚姻

像上文所说的，魏村在改革开放后，对女性的劳动付出有了进一步承认，妇女获得有限的经济独立，娘家从文化和经济制度安排中的回不去到了可以随时走动，遇到问题可以寻求庇护的“庇护所”。但 20 世纪 90 年代之前，魏村的离婚现象非常少见，除了提到的那位出嫁的女儿，几乎没有离婚家庭。魏村人对夫妻打打闹闹司空见惯，他们观念里的“夫妻没有隔夜仇”，就是对“执子之手 与子偕老”朴素而真切的解释。“除非死亡才能将一对夫妻分开”是他们对婚姻的执念，也是代际经验传递给他们对婚姻的信心。20 世纪 90 年代，魏村人的经验、执念和信心受到事实的挑战。

一　家庭分裂的开始

费孝通先生指出从能够观察到的人类社会事实来看，生育功能主要是由婚姻家庭这一载体来实现。社会结构的完整需要合格的社会成员，而合格的社会新成员需要全面而长期的抚育，因此，必须经由婚姻确立长期的、稳定的抚育团体。② 人类文化对家庭进行了一系列的规定和设计：生育是家庭最核

① 费孝通：《江村经济》，商务印书馆 2001 年版，第 53 页。

② 石艳、严霄云：《婚姻家庭制度的多维属性——费孝通家庭社会学思想再认识》，《理论界》2018 年第 11 期。

心的功能，其他功能如经济、情感等均辅助于生育功能的完成；父、母、子的三角结构是最基本的结构，夫妇不只是男女之间的两性关系，而且还是共同向儿女负责的合作关系。① 不可能所有存续的婚姻都是夫妻情投意合的幸福婚姻，部分婚姻的维持也是基于对儿女的负责，面对闹矛盾要离婚的夫妻，魏村人常这样劝解："大人都好说，娃娃怎么办？"这样的说法通常触及夫妻，尤其女性的软肋。魏村有对夫妻，丈夫确实是公认的坏脾气，但村民认为妻子也是不太会沟通的女性。妻子大约 20 多年前和村里人抱怨时说了一句："就算全世界男人都死光了，我也不会想念他（丈夫）。"那一代人很少说"想念"，这位妻子的这句话很出名，20 多年后村民们聊天还谈起她的这句"名言"。但不想念归不想念，夫妻的本职工作是抚养，不是想念。他们打打闹闹的婚姻已经 40 年了，三个孩子也已成家立业。

结婚生子、含饴弄孙是魏村人对婚姻程式化的管理。男方或女方生气说一句"没法过了"也只是说说而已。"铁打的家庭流水的娃"，孩子会飞，但家庭不会飞，这是社会事实，这一事实在 20 世纪 90 年代发生了变化。20 世纪 90 年代，魏村发生了三起轰动的妇女"越轨"事件。三个妇女的心仪对象都是同村的单身男性。最终一个未离婚，另两个离婚后与心仪对象共同生活。

三个妇女一个结婚 4 年，育有一女，离婚；另两个婚龄都在 10 年以上，分别育有一儿一女，家庭解散时孩子都 10 岁左右。如今，没离婚的那位已经有了孙子、外孙，人们也不再谈论往事。离婚的两位，一位继续在魏村生活，但前夫搬离魏村了，新的婚姻在人们看来也不算幸福，甚至一度分居，和她同村居住的母亲认为她"婚没离好"，但也请她认命，好好过日子，不要再"折腾"。另一位有两个孩子的妇女离婚后和心仪对象搬离村庄。原本事情过去很多年，人们已经不再提及。重新谈起是 2018 年她后来结婚的丈夫去世，这位妇女在微信朋友圈发"永失我爱，痛失我爱"等纪念词语，魏村人看到仍纷纷议论。也有人在她丈夫去世一阵子后，提议她回到魏村原来的家庭，和前夫共同生活；认为她马上步入老年，需要一个伴侣。她前夫表示愿意接受，现已结婚的儿子女儿也邀请她回来和家人共同生活，但她拒绝了。这位妇女的娘家距离魏村大约 400 公里，她结婚时娘家生活较困难，她的丈夫稍

① 费孝通：《社会结构中的基本三角》，载《乡土中国 生育制度》，北京大学出版社 1998 年版，第 159 页。

稍有一点残疾，但不影响正常劳动和生活。她选择离婚时，说当时结婚本就不是因为爱，既然找到爱了，就一定要离开，公婆丈夫用一双儿女也无法挽留。她答应经常回来看看，“只要他们认我，我永远是他们的妈”。如今她拒绝回到魏村和前夫生活，理由也是不爱。

这几位妇女的做法固然不受推崇，但她们的行为也充分证明，在 20 世纪 90 年代，婚姻有从养老、抚育向夫妻情感转向的猛烈势头。对上，他们摆脱了父母对他们结婚或离婚的阻挠；对下，他们放得下抚育责任。三个案例也充分表明，农村在这一时期已经有婚姻挤压，男性大龄未婚和丈夫在婚姻中的“隐忍”都可以看出婚姻市场中的女性开始占优势。这时的魏村与李景汉先生 20 世纪 80 年代在北京郊区农村的调查发现类似，他已观察到婚姻中性别权力的变化，写道“关于丑的一点，也多苛责于女方。往往对于同一的不正当行为，如果发生在男子方面，则被认为不算什么，但如果发生在女方，则被认为丑得不堪闻问了。这表现在‘男子夸口，女子丢丑’的成语上。在过去，在这些家庭里面的很多妇女就在这不成文的家法下面，过着苦闷的精神生活，也的确应了‘忍字心头一把刀’的老话。似乎这种两千年来，久已根深蒂固的思想意识和传统习惯，一定是积重难返，而非一朝一夕所能扭转过来的，但天下事竟有出乎一般人意料之外者，也是我在昔日所想不到的，竟会在今日变了样子”①。关于婚姻中的美丑，是对婚姻的社会性要求，即婚姻的双方要符合社会期待，行为符合社会规范，“越轨”即丑，但过去，“丑”主要针对女性，长久以来对小说人物“潘金莲”的道德制裁某种程度也是对女性在婚姻中的道德警示。现代性打开了社会关系的潘多拉魔盒，所有现代社会生活都有矛盾和模糊的特征，一方面关系被赞美；另一方面不断打压，一直在控制、限制、规制和规定着他们可能的展现。②

费孝通先生在阐述婚姻的社会性时说：“婚姻是用社会力量造成的，因为依我所知世界上从来没有一个地方把婚姻视作当事人间个人的私事，别的人不加过问的。婚姻对象的选择非但受着社会的干涉，而且从缔结婚约起一直到婚后夫妇关系的维持，多多少少，在当事人之外，有别人来干预。这样，

---

① 李景汉：《北京郊区乡村家庭生活调查札记》，生活·读书·新知三联书店 1981 年版，第 35—36 页。

② ［意］皮耶尔保罗·多纳蒂：《关系社会学：社会科学研究的新范式》，刘军、朱晓文译，格致出版社、上海人民出版社 2018 年版，第 114 页。

把男女个人间的婚姻关系弄成了一桩有关公众的事件了。这并不是一般人的无理取闹，或是好事者的瞎忙，而是结合男女成夫妇所必需的手续，因为，让我再说一遍，单靠性的冲动和儿女的私情并不足以建立起长久合作抚育子女的关系来的。”① 而到20世纪90年代，从魏村这两个离婚的案例看，似乎“儿女的私情”也可以建立长久的关系，但他们的关系并不以抚育为目的。这两个重组的家庭都没有再生小孩，一个因为前夫离开村庄，女性的娘家和现任丈夫都在同一个村，娘家不允许她不管孩子，所以孩子一直在娘家的帮助下和她生活；另一个的一双儿女由丈夫和公婆带。尽管她们在离婚、再婚中也受到道德、舆论这些对婚姻社会性的压力，但她们还是选择将婚姻中的夫妻感情放在第一位。

“婚姻在人类生活上既是这样重要，而同时又不常和个人的生理和心理倾向相符合，于是社会得立下法律来防止轶出规范的行为。单靠法律的制裁犹嫌不足，于是把其他经济关系等渗入婚姻关系中，并扩大向婚姻关系负责的团体，这样使夫妇间的联系加强，即使夫妇间一时感情失和，每会因牵涉太多，不致离异。”② 显然，这里经济关系的渗入和抚育的责任并没有将妇女束缚在婚姻中，她们还是选择离异。上文提到，魏村女性离婚通常净身出户，这两位女性也是如此。尽管有一位前夫从村里搬走，但并不是将土地和房屋留给了前妻，而是让本家叔叔租种，但新的丈夫家有土地，二人也去附近的砖厂、造纸厂务工增加收入。另一位将儿女留下，自己和新结婚的丈夫搬离魏村。搬离后他们一直在县城租房子住，据说丈夫去世前给别人开车，或去工地、工厂等做零活。这位女性虽然没有固定的工作，但通过给别人看孩子、在饭店打工等工作、生活。了解他们的人说因为她的丈夫生了病，所以日子过得不宽裕，但两人很幸福，一直很恩爱。丈夫去世后，她不回魏村，一方面是她说的因为不爱，所以不回来；另一方面是她可以在劳务市场中找自己谋生的工作。相比改革开放之前，尽管这一时期夫妻在婚姻中依然有经济关系，但是由于从维持婚姻关系中所得到的收益下降，鼓励了人们去与那些并不是十分不般配，或者并不是十分难相处的人离婚。③

---

① 费孝通：《生育制度》，天津人民出版社1981年版，第33页。

② 费孝通：《生育制度》，天津人民出版社1981年版，第36—37页。

③ ［美］加里·斯坦利·贝克尔：《家庭论》，王献生、王宇译，商务印书馆1998年版，第362—363页。

20 世纪 90 年代，农业并带不来多少现金收入，魏村人均年收入不足 2000 元人民币。而在市场经济下，两个成年人在县城里很容易找到养活自己的工作做，少了抚育孩子的责任，他们并不需要在工作中过分劳累。“土地”是财产，是农民家庭唯一的经济联系，但土地已经绑不住生活于其上的人。初婚时，热热闹闹的场面和神圣的社会仪式并没有将女性留在婚姻中。这两位再婚的女性，再婚时没有任何仪式，靠感情维系着婚姻。费孝通先生也讲到，在经济水准较低的社会中，抚育事务是相当繁重，再加上社会结构的需要完整，我们常会见到抹杀夫妇间感情生活的现象，这自然是文化的缺陷，因为文化的职志是在实现比较理想的生活。夫妇感情生活的未尽发展确是中国传统文化的一个弊病。[①] 我们也不能讲家庭中的越轨行为是弥补文化中被抹杀的夫妇间感情生活，但到 20 世纪 90 年代，农业小规模的现代化和家庭的少子化，的确使家庭成员从繁重的抚育和田间劳作中得到喘息的机会，也许正是这种喘息时间的增多，使夫妻有精力关注和反思感情的生活，“婚姻的本质是生育和抚育”在经济社会的发展中不断遇到挑战。这一时期的婚外性关系已经开始影响婚姻和家庭的完整性，随着时光的流逝和离婚人数的增加，与离婚相联系的耻辱在不断地减少，人们甚至不需要对“异常”行为的更大宽容，与过去相比，现在人们已经把离婚看作比较正常的事情了。[②]

必须强调的是，夫妻对彼此感情要求的强化并不意味着魏村的家庭从此走向破碎分裂之路。婚姻关系中感情达不到要求的，妇女不再坚持“嫁鸡随鸡嫁狗随狗”，但相应地，一种新型的、和睦的家庭氛围也随处可见。夫妻不再像新中国成立以前或成立之初那样“男女有别”，而是体现出有说有笑、有商有量，这也是魏村文化特别提倡的，比如人们常讲“夫妻同心，其利断金”，这些举荐的乡俗文化并没有改变。

二　婚姻与亲子关系

在传统农业社会里，对孩子“生存型”的养育较为便宜，所以农村家庭的孩子也较多，但“多子多孙多福”这一传统观念在魏村似乎从来没有得到

① 费孝通：《乡土中国 生育制度》，北京大学出版社 1998 年版，第 153 页。
② ［美］加里·斯坦利·贝克尔：《家庭论》，王献生、王宇译，商务印书馆 1998 年版，第 363 页。

淋漓尽致的体现。即便在新中国成立前后，魏村的特大家庭也很少，最大的一个家庭有 5 个儿子、1 个女儿。魏村人追求“儿女双全”，并不是“多子多孙”。村民记忆里，魏村从来没有溺婴事件。到了 20 世纪七八十年代，魏村一个家庭基本有 2— 4 个孩子，有儿有女，他们用朴素的生育经济学寻求土地和人口之间的平衡。家里多少亩土地，能养活多少个孩子，养多少个儿子，以保证每个儿子结婚后有土地可分，农民对这些都有自己的计算。20 世纪 90 年代魏村成立的家庭中出现了独生子女现象。魏村距离县城较近，虽为农村，但村民整体受教育水平比较高。这一时期结婚的夫妻至少读过初中，有一些甚至高中毕业，他们对优生优育的认识比父辈有了跳跃式提高。此外，妇女受教育水平和地位的提高对家庭生育率也产生一定影响。孩子教育和母亲教育之间有一种正相关关系，受过教育的妇女对孩子的数量需求较少。①

魏村有一个家庭“三代单传”，所谓“三代单传”，就是每一代只有一个儿子，种族绵延的希望就在这一个人身上。20 世纪 90 年代结婚的第三代，夫妻俩都高中毕业，婚后生了一个女儿。小夫妻决定不再生了，长辈也没有办法强求。一方面是当时的国家政策鼓励“一对夫妇只生一个好”；另一方面决定生育的是儿媳妇，老人们即便有意见，也变得小心翼翼，并不能强求。有些第一胎是男孩的新家庭，也选择不再生育。从生育与土地的平衡到优生优育，魏村在几代人之间的过渡似乎自然流畅，没有太激烈的博弈。当然，这种自然的过渡与经济发展有关，随着经济的发展农业日益机械化和复杂化，农业方面人力资本的收益率也提高了，因此，农民家庭也会转向注重质量而非数量。②

年轻人优生优育的思想使他们在单个子女身上精力、情感和经济的投入更多，他们提高了对孩子教育和培训方面的投资。同时，因为每个家庭生育的孩子数变少，祖辈对孙辈的投入也加大，一定程度减轻了小夫妻的抚养压力。这一时期整个社会流行一个词叫“小皇帝”，但魏村人在教育上普遍理性，在熟人社会，家庭的生育和教育也是件社会的事，比如生子是热热闹闹的社会举动，有满月酒、百天席、周岁宴，12 岁还有社会仪式。孩子少了，难免受宠多，所有的孩子都是“小皇帝”。祖辈及父母对孩子的健康、孩子成

① ［美］加里·斯坦利·贝克尔：《家庭论》，王献生、王宇译，商务印书馆 1998 年版，第 160 页。
② ［美］加里·斯坦利·贝克尔：《家庭论》，王献生、王宇译，商务印书馆 1998 年版，第 160 页。

长中说了什么话、学业如何都非常关注。① 如果父母和祖辈过分宠溺孩子，村民会说“孩娇惯得没样（规矩）了”，家长听到也会相应调整自己的养育态度。魏村人对生育质量的重视和农村养育成本的增加，使魏村的生育率迅速下降，村民对亲子关系的重视程度得到前所未有的提高。

新家庭的父母更加注重与子女情感的培养和子女的学校教育。祖辈对孙辈十分关注，但父母力所能及地自己带孩子，降低祖辈对孩子教育的影响。进入 2000 年，一些教育机构取代了家庭成员所扮演的角色，包括后来魏村大量陪读家庭的产生，都体现了对子女培养的重视。魏村的新家长们努力建立子女教育战略战术，以充分为自己的子女谋求机会。

但是，上述所有的家庭抚育都是以婚姻完整为保障的。魏村夫妻离婚倒不至于使“小皇帝”没人要，但子女教育一定会受到影响，尤其是夫妻一方或双方与第三方发生不正常的恋情时，家庭往往面临很重的危机，这种危机感波及每一个家庭成员，特别是处于弱势的小孩，容易受到影响。② 为了避免孩子受到影响，多数即便不算幸福的婚姻也会持续维持。而从婚姻史上看，男性和女性持续地生活在一起，最初就是为了下一代的利益。③ 魏村的亲子关系在这一时期最大的变化是空前的紧密和空前的分离，一家有几个孩子时，家庭对每个孩子的关注度都有分散；少子化使更多人的爱集中在更少的孩子身上，父母对孩子空前的注重优育和空前的相互依赖。但是，魏村的婚姻破碎也是从这一时期开始，夫妻之间，尤其女性更加注重婚姻中夫妻的感情，家庭中情感的重要性日益增加④，夫妻的横轴与养育的纵轴展开博弈，彼此做不到情投意合就走向离婚之路，父母与孩子也因离婚而开始空间的分离。

---

① ［法］弗朗索瓦·德·桑格利：《当代家庭社会学》，房萱译，天津人民出版社 2012 年版，第 17 页。

② ［日］冈堂哲雄：《现代家庭面临的挑战》，谢素美译，授学出版社 1988 年版，第 37 页。

③ ［芬兰］E. A. 韦斯特马克：《人类婚姻简史》，刘小幸、李彬译，商务印书馆 1992 年版，第 20 页。

④ ［美］阎云翔：《私人生活的变革：一个中国村庄里的爱情、家庭与亲密关系（1949—1999）》，龚小夏译，上海书店出版社 2006 年版，第 165—167 页。

第四章　21 世纪魏村的婚姻家庭

“家”一直被认为是超越个人的实体，但如果家庭成员丧失了“家”意识的话，“家”就崩溃了。① 进入 21 世纪，魏村的离婚事件用当地人的话说已经铺天盖地。“今天东家离，明天西家离，结婚和父母商议，离婚却不征得父母同意。”魏村目前老老少少有 90 多户人家，近 1/3 的家庭离婚或离过婚。离婚这项过去能够在村里引起舆情的大新闻，现在变得十分普遍。以村里的姓氏统计，每个家族都有离婚事件发生。在魏村，女性离婚后独自抚养孩子的状况很少，公婆成为孩子的实际抚养人，而社会、社区对置孩子于不顾的母亲比想象的宽容。

第一节　21 世纪魏村的经济生活

经济联系和子女抚育是婚姻维系的两个必要条件。进入 21 世纪，我国经济进入高度增长期，魏村亦然。传统以农业为主的魏村农业变成了保底产业，有劳动能力的成年人往返于县城与魏村之间，超过一半以上的农民同时从事自雇佣或被雇佣的工作。已婚的年轻女性大部分不再下地干活，她们做全职母亲或者在县城里从事小本经营和其他行业。经济的联系很难再将两个人捆绑在一起，少子化缩短了家庭抚育期，夫妻对彼此感情的要求强化。

① ［日］上野千鹤子：《近代家庭的形成和终结》，吴咏梅译，商务印书馆 2004 年版，第 6 页。

一　21 世纪的魏村的经济

伴随着人力资本从农业中解放，农业作为家庭共同经济的主体性消减，家庭的稳定性也随之发生了深刻的变化。费孝通先生曾论证乡镇企业可以使农民“离土不离乡”，如今魏村过去所在的乡镇既无企业，也无教育，农民离土现象突出，用土地将家庭成员团结在一起的大家庭已不复存在。

前面已经讲到，魏村是农业社区，传统农业需要个体和家庭之间合作完成。“男耕女织”既是理想的田园生活，又体现农村家庭分工合作的必要性。21 世纪，魏村农业逐步走上现代化之路，农民几乎不再因为耕种需求而养牛马等家畜，小型拖拉机代替了畜力，大型拖拉机解放了人力。过去魏村人形容种地辛苦劳累叫“汗珠摔八瓣儿”；如今老人们说“人在床上躺，粮已入了仓”，大型种植、收割机器节约了大量人力成本。家庭劳动力资本在土地上得不到充分发挥，农民家庭将剩余劳动转移到了他们可以从事的服务业、畜牧业、商业。尽管他们在这些行业里的获利并不高，但是一旦这些劳动不是以家庭为单位组织，就容易突出或降低个人在家庭收入里的贡献。

很难用“就业率”来衡量魏村妇女的就业情况，农业解放了妇女劳动力后，并不是所有的妇女都进了城从事其他行业的工作，因为她们还受到家庭生活的制约。有些中年妇女从事不需要专长的季节性工作，如点播、采摘，或者也去附近的砖厂、电厂等工作，她们能够在农业之外有自己独立的收入。

20 世纪末魏村还有代际不分家的情况，进入 21 世纪，几乎每一个小家庭都和父代分家另过。小家庭独立的经济预算使他们的收支更加独立，同时也脱离了大家庭的监管。两代家庭之间的经济联系度降低，但本章第二节会讲到，两代家庭中的个体分别和他们的原生家庭联系度增强，也就是说，可以把家庭成员捆绑在一起的经济、权利在 21 世纪都发生了颠覆性变化，少子化使家庭的抚育期变短，那么维系婚姻和家庭最重要的因素就剩下所谓感情，而感情如此抽象，以至于在很多情况下显得并不可靠。魏村人靠感情维系的婚姻在 21 世纪不断裂变。

二　21 世纪魏村的陪读家庭

魏村村史上，家庭分离的情况很少。有些分离情况，如“大集体”时代村里“赶大车”的车夫出村拉运货物期间，和家人有一两个月的分离。魏村的是农业社区，也没有出现过大的灾害，人们世代从事农业，经济保守，外出务工的很少，也不经商，所以这样的社区一旦提到居住分离，经常和“抛弃丈夫”“抛弃父母”“抛弃孩子”等联系在一起。[①]

进入21世纪，魏村出现家庭居住分离情况，引起家庭居住分离的原因主要是孩子上学。基础教育是由现代国家维护的一种准公共物品，在现代化的进程中，城市化与少子化等带来城乡人口结构的变化，社会政策也要因之做出变革，“撤校并点”的农村基础教育布局调整政策即是其中之一。显然，这种地方教育资源空间配置模式的变动会直接导致相关家庭教育支出的变化，进而带来家庭福利水平的变化。魏村距离县城较近，“陪读”现象普遍，一方面增加了家庭负担；另一方面也使部分家庭陷入解组危机。

21世纪之前，魏村有一所村小学，几乎周围村庄的孩子都在该村小读书。但由于农村学校太小，在教育上缺乏效率，从20世纪最后几年起，周围村庄的孩子被不断送到城里读书。到21世纪，村小几乎没有学生了，之后便撤了魏村的教学点，要求学生到乡里读书，很快，乡里的中心学校也撤了，学生都分流到县城里的学校。这样，魏村孩子上学的时间和通勤成本增加，为了节省孩子的时间，魏村的大量家庭走上陪读之路。

事实上，在2000年之后的陪读“热”出现前，魏村已经有家庭自愿选择陪读的现象，最近十年，魏村的租房陪读比例在下降，年轻的家庭结婚时就在县城买了房子，尽管他们的主业依然在农村。但“工作在农村，生活在县城”这种方式必然会带来家庭一定程度上的别居。从家庭的内部分工看，陪读也是一种家庭劳动。与父亲相比，母亲很难独立承担家庭的农牧业劳作，但在照顾子女衣食起居方面则更有经验；父亲作为家庭的经济支柱，很难兼顾独立照顾孩子，同时在城市务工或进行农牧业生产两项事务。因此，陪读这项长期的家庭劳动通常由祖辈或家庭中的母亲承担，单独由父亲陪读的情况较为罕见。父亲多是在母亲陪读的情况下，夫妻双方处于空间分离的“别居”状态。英文中将夫妇双方对家庭有认同、共同承担家庭责任，但在空间上长期处于分居状态的家庭，称为LAT（living-apart-together）家庭。

陪读是一种长期的、将家庭角色极端化的家庭安排。在祖父母、外祖父母陪读的情况下，父母更多地承担经济上抚养者的角色，在亲子关系中，依

① ［日］上野千鹤子：《近代家庭的形成和终结》，吴咏梅译，商务印书馆2004年版，第16页。

恋关系意义上的母职、父职角色严重缺位，祖辈们更多地承担着基本生活照顾者的角色，会引发隔代教育的问题，而由父母陪读又会给家庭带来一系列潜在危机。

（一）陪读母亲“母职”压力的增加

大多数家庭选择由妻子独自陪读是丈夫要在家维护土地、维持住房、饲养牛羊，当然还有一个原因是在魏村，“管孩子学习”通常是母亲的事。母亲要专注于“陪读”这种单一而重要的家庭事务角色，成为专职母亲，势必形成异常紧密的母子关系，而夫妻关系则被动地疏远了；与此同时，在外工作或在家务农的父亲将精力集中在挣钱养家的事业上，父职处于缺位的状态，父子关系也相对疏远起来。陪读带来的家庭关系变动与潜在的紧张与冲突，是魏村包括相关农村家庭为子女教育付出的另一种隐性代价。

与祖父母、外祖父母相比，父母的年龄与受教育程度等决定其有更多的精力和能力照顾孩子，也更会兼顾孩子的日常生活与学习。父母因为选择了一方去陪读的安排而承受着生活质量降低、经济消费增加、家庭碎片化等损失，对陪读方所应取得的成就也充满期待。因此，一旦陪读这项家庭工程开始运行，专职陪读的“使命感”驱使母亲们在子女身上“多付出一些”。而父亲们则因家庭经济压力增长，不得不投入多种经济经营来提高家庭经济收入。他们通常在农业之外进行务工、畜牧等工作增加收入来填补在城市租房、购房以及孩子学业的支出，双方“各忙各的”导致夫妻关系的陌生化。魏村一个陪读的母亲说，“十天半月不见面，见了面也不知该说点什么”。

（二）陪读家庭的别居化使家庭面临解组危机

陪读家长一旦熟悉了日常家务、接送、陪伴课业等事务的节奏之后，就会出现大量空闲时间。例如，上、下午孩子在校期间家长分别有三、两个小时的空闲。由于陪读家长的空闲时间与很多工作的时间要求相冲突，她们很难把空闲时间利用起来，找到合适的兼职工作。于是，如何消磨闲暇时光就成了每个专职陪读的母亲都要面对的问题。有些母亲做十字绣；个别母亲将陪读发展成一项副业，帮其他家庭照看孩子，收取一定的费用以贴补家用；更多的母亲则通过上网消磨时间。学校周围通常会聚集一批陪读家长，形成陪读社区，一些陪读家长们也会聚在一起聊天、玩牌、打麻将或逛街。陪读社区的形成陪读母亲们开启了新的社交网络，并为其展开新的生活方式提供了可能；个别母亲甚至偏离了进城陪读的初衷，沉迷于社交生活。

魏村一对40岁的夫妻2019年离婚，妻子认为是因为自己陪读，给丈夫太多独处的空间；也有年轻的陪读母亲在陪读生活中产生了婚外情，最终导致离婚。魏村流传一句描述陪读家庭复杂境况、指责陪读母亲的顺口溜：（陪读让）“妻子成了流氓，丈夫在家瞎忙，孩子混成文盲”。也有学者在内蒙古某旗中学调研时发现，30名陪读生中有28人的父母已离婚。[①] 显然，陪读产生的别居将这类家庭暴露于家庭解组的高风险之中。

此外，进入21世纪，除了陪读，魏村很多年轻家庭并非像过去一样“共居”。受城市生活的吸引，年轻人愿意在县城安家。而事实上，多数年轻人的经济来源于农村。在距离魏村很近的县城务工工资收入并不高，小本经营收入很有限。在孩子比较小的时候，女性一般就不工作了，这样势必导致一方在农村忙活；另一方在城市做“全职太太”。经济生活的不共同降低了夫妻在生活中的交流，也不利于夫妻感情的培养。总之，魏村的夫妻从没有像21世纪一样，因陪读子女或夫妻工作性质的不同而产生短期或长期的别居。家庭的别居使本来价值观和特征一致的夫妻产生了差距，进而增加了婚姻解体的可能性。

第二节　21世纪魏村的婚姻特征

进入21世纪，魏村的年轻人因为读书、学徒等原因大量外出，但年轻人的外出并没有引起家庭体系的破裂，多数年轻人外出后收入有限，他们依赖家庭购房、置办生活所需奠定婚姻的物质基础。魏村的男青年，尤其家庭相对困难而个人又“老实巴交”的男青年结婚困难是让家长头疼的事务。中华民国时期，对男青年结婚困难的原因就有如下概括：“导致部分适婚男性未婚的重要原因除了居高不下的性别比之外，买卖婚姻盛行，婚姻论财，婚嫁费

① 格根图雅、胡春梅：《内蒙古自治区中小学陪读现象及其引发的问题》，《内蒙古师范大学学报》（哲学社会科学版）2012年第6期。

用较高也是很重要的原因。”① “民国时期，中国社会中男性早婚和晚婚是并存的两种社会现象。由于居高不下的性别比、农村经济的萧条与凋敝以及婚姻论财的社会风习和昂贵的结婚费用等，使得一些贫困男子不得不晚婚。当然晚婚是不得已的。”② 百年一轮回，如今的魏村虽谈不上凋敝，但“婚姻论财”是有的。

一　21 世纪魏村的婚姻

21 世纪，魏村的家庭也在朝一个有意思的方向发展，子女寻求经济不独立的个人自主。子女和父母之间的关系民主和亲密，在经济上子女似乎更加依赖父母，或者说，21 世纪后家庭两代人之间的纠缠和博弈进入新时期，婚姻关系也因此受到影响。

（一）结婚费用增多和“嫁妆”的增加

20 世纪 80 年代魏村人结婚，除商定的“彩礼”之外，男方给女方的婚礼标配是凤凰牌自行车和梅花手表。村里的接亲场面是男方家人推着捆了大红花的自行车放着鞭炮来魏村接亲，或者魏村人以这样的方式去接亲。20 世纪 90 年代，结婚的标配由“手表”换成“三金”，“自行车”换成“摩托车”。所谓“三金”，是指“金戒指”“金项链”和“金耳环”，总之金银首饰要一应俱全，对交通工具也有了现代化的要求。但“手表、自行车”也好，“三金、摩托车”也罢，都是男方给女方的装饰品和生活用品，同时也是男方家庭经济实力的展示。男方家庭经济条件越好，“三金”的分量越大。除此之外，双方父母在婚前要“看人家”。所谓“看人家”，就是看看男方家婚后能够提供的居住条件和这个家庭的家庭氛围，魏村从 20 世纪 80 年代的半砖房到 90 年代的砖瓦房，每户人家的居住条件十分相似。

如果家里有儿子，魏村人通常在儿子十几岁时就为他盖好了婚房。同样，20 世纪 90 年代末，魏村的父母们也在村里为儿子们盖起了新房，有的新房是楼房地基，现浇屋顶。房间的布局也发生了很大变化，不再进门就是炕，布置很现代，屋内暖气、沙发一应俱全，尤其在新农村建设中，魏村的房子也

---

① 郑全红：《中国家庭史》（第 5 卷），人民出版社 2013 年版，第 106 页。
② 郑全红：《中国家庭史》（第 5 卷），人民出版社 2013 年版，第 134 页。

有了室内卫生间，但是这样的房屋并不能吸引年轻人在乡间居住，居住需要和商业、就业配套才有吸引力，显然，魏村除了有舒适的房子，其他并不能满足年轻人的需求。所以，年轻人结婚并不希望久居于父母为他们精心准备的婚房，他们渴望城市生活和自己的空间。1990 年代后期结婚的夫妻，通过陪读在县城租房或自己努力在县城里买房子；2010 年之后结婚的夫妻，在县城里有一套房子成了结婚的标配，如果县城里没有房子，女方父母是不会“看看人家”的。他们对此也振振有词，认为房子不叫“彩礼”，父母为儿子准备婚房是天经地义。

如果在魏村听到有父母说“儿子等着结婚呢”，意思就是儿子对象找好了，等房子、车子、儿媳首饰等结婚必需品；如果男方家不能准备县城里的婚房，女方家也不会上门“看看人家”。2010 年以后结婚的魏村男性，大部分都是家里唯一的儿子，所以父母会倾尽全力满足他们结婚的需求。有些结婚时准备的房子过几年在同龄人中相比过时了，父母还要考虑给儿子换个房子。在调查时，魏村一个不到 60 岁的女性说：“儿媳妇聪明，自己不提换房，让孙子提。孙子回来和他爷爷说，步梯楼房他爬得累，让他爷爷给买套电梯房。”她表示就这一个儿子，再攒两年钱，准备给儿子换一套房子。

当然，也不是所有这一时期结婚的家庭都有能力在县城买房，也有买不起房子的家庭。比如魏村的一个家庭有两个儿子，大儿子和同村的一个女孩恋爱，女孩家长觉得男方家经济状况不好，不同意女儿和男方结婚；提出结婚的条件是男方在县城买房，同时将女儿关起来不准和男孩见面，并对前去探望的男孩大打出手。女孩冲破父母的阻挠与男孩结婚，但结婚 3 年多，生的孩子还不到两岁，女方就提出离婚，嫁到别处了。离婚后，女方的父母说：“当时不让她结婚，就是怕婚后过不好，年轻人都在县城里有房子，他们没有，肯定不行。”女方父母表示同住一个村，对前女婿很了解，认可他是个好孩子，但太老实，凭他的本事，很难在城里买套房子。他们对自己的女儿更了解：“女儿吃不了苦，过不了穷日子。我们阻止她结婚，就是怕他们过不好，怕将来离婚，结果怕什么来什么，苦了孩子了。”他们这时说的孩子，已经不是自己的女儿，而是女儿生的外孙。这个男孩的弟弟结婚时，同样没有城里的房子。他们的父母为两个儿子在村里建了一栋房作为婚房，分东西两套，自己还住在当年结婚时父亲给盖的半砖房里，他们没有能力给两个儿子购房。二儿子也是自由恋爱，但女孩家庭几乎出于和大儿子前妻家庭同样的担心，阻止女儿和老二结婚。他们的爱情同样也战胜了父母的阻挠，两人最终结婚，但二儿子属于比较能干的孩子，村里人称其有头脑、有出息，婚后几年凭自己的能力在县城买了房子，本人在婚姻中也有较大的自主权，据说和妻子离婚又复婚。

我国早期有父母包办婚姻的文化基础，但“父母包办得以实现的一个重要前提是，中国传统农耕社会父子职业相对固定，远距离的迁移行为较少，子代很难摆脱父辈建立在财产基础上的控制。子女没有经济上的独立地位，解决子女婚配也成为父母责无旁贷的责任。只有解决了所有子女的婚姻问题，父母才算完成本辈对下辈的义务”①。如今，虽然原因已经发生了天翻地覆的变化，父子职业并非相对固定，子代也不屑于被固定，他们已经完全能够摆脱父辈财产上的控制，但解决婚姻问题依然约定俗成的是父母对下辈的义务。时代在变，父母责任没减，但权力有减。

魏村人很节俭，老辈们经常说“一个钢镚掰开花”。即便今天到了魏村，也会发现人们并不理会营养学的指导，理性处理剩饭剩菜，他们绝没有浪费食物的习惯。但还像费孝通先生在 20 世纪 30 年代所说的一样，“在婚丧礼仪的场合，节俭思想就烟消云散了。人们认为婚礼仪中的开支并不是个人的消费，而是履行社会义务”②。这一点至今也没有改变，父母尽力为子女的婚礼准备最好的彩礼与嫁妆，在可能的条件下摆设最丰盛的宴席。

对于结婚的住房，村里人有一个公认的标准，谁家都不能相差太远，不能别人家有你没有，在城里没有婚房，不仅出嫁的女方不同意，儿子也不愿意。比如魏村一个 2010 年结婚的男孩，他有个姐姐已经远嫁，他是家里唯一的儿子。家里的经济条件在村里属于中上，父母在村里为他准备了很好的婚房，但他自己要求父母在县城为他买房。他说可以把媳妇娶到魏村的房子，但婚后要到县城里生活，必须买房。父母强调给他办婚礼，结婚和魏村房子的装修都需要花很多钱，而且姐姐出嫁还陪了嫁妆，家庭经济暂时紧张，答应过两年再买。儿子不同意，认为父母在他的婚事上不尽力，而且他无法确认“过两年”父母到底给不给买。这样，父子在婚房的问题上产生了矛盾，但为了让儿子能高高兴兴、风风光光结婚，父母还是举债给他买了房子。

---

① 郑全红：《中国家庭史》（第 5 卷），人民出版社 2013 年版，第 134 页。

② 费孝通：《江村经济》，商务印书馆 2001 年版，第 112 页。

在离魏村近的县城买房，2010 年一套 100 平方米的新房平均需要 20 万元，现在则需要 30 多万元。最近几年，对于结婚准备新房，父母和儿子、儿媳之间这样的博弈都没有了，在县城准备婚房，在村里准备住处，是男方结婚的公认标准。

子女结婚，除男方要准备婚房，女方家庭也要为女儿的出嫁置办一定的嫁妆，这与 21 世纪之前有显著不同。甚至在 20 世纪 80 年代末，魏村还有家庭用女儿出嫁的“彩礼”为儿子结婚所用的情况。那时也有从贫困地区嫁到魏村的媳妇，娘家并不需要为女儿置办嫁妆，反倒有一家跟着女儿到魏村安家落户、谋求生活的情况。这种情况到 20 世纪 90 年代有所改观，谁家“彩礼”要的多，而且不给女儿陪嫁，就会引来“卖女儿”的口舌。所以，20 世纪 90 年代，魏村人嫁姑娘，对“彩礼”数目不做太多要求，多数家庭用“彩礼”抵“嫁妆”。比如婆家给女方 1 万元“彩礼”，女方家再将 1 万元作为“嫁妆”送给女儿，这 1 万元男方家庭不能再收回，相当于娘家为女儿争取来的纯资产。

但无论“彩礼”以什么方式使用，嫁女儿要“彩礼”是必需的，直到现在魏村人嫁女儿，依然要“彩礼”钱，而且对数目有了新的要求。婆家给少了，说明对要娶的儿媳妇不够重视；要来的“彩礼”，娘家父母也不会使用。比如要了 10 万元钱“彩礼”，娘家通常再加 10 万，作为女儿的陪嫁。有时娘家也不陪嫁现金，而以家电、汽车等实物陪嫁。彩礼的数目和陪嫁的物品两亲家提前做了商定，不会重复购买。魏村有一个五个女儿家庭，老大、老二、老三、老四结婚都要了“彩礼”，两位老人为显示公允，每个女儿出嫁都要 5000 元“彩礼”，且没有嫁妆。儿子是老五，2002 年结婚，最小的女儿是老六。老六 2007 年结婚，这时魏村已经开始流行嫁妆，两位老人和前面结婚的四个女儿商量，依然要 5000 元彩礼，但给小女儿 10000 元作为陪嫁，前面结婚的女儿们说时代不同了，表示同意父母的做法。

在子女多的情况下，父母要将自己做的财务安排及时沟通，尽量避免子女与父母的隔阂。年老的父母考虑到老年要仰仗子女的照顾，最怕与子女产生隔阂。前面提到有两个儿子结婚都在县城没有房子的家庭，还有一个女儿。这对夫妻年轻时生了两个儿子之后，认为养老需要一个女儿照顾，所以抱养了一个女儿，这个女儿在 2019 年结婚。尽管没钱给儿子买房子，但他们给女儿的嫁妆是 10 万元现金，村里人说女儿用自己赚的钱给他们添补了一些，凑够了 10 万元。父母为女儿凑嫁妆的做法，一方面是对女儿的爱，让女儿嫁得体面风光；另一方面是如今的父母不愿意将女儿作为“泼出去的水”。女儿出嫁后，父母依然和女儿保持紧密的联系，对女婿通常也极好，这当然是爱屋及乌的表现，魏村的老人冬天也很忙，他们将自己喂了一年的猪鸡羊杀掉，给子女们的小家庭送去。有些魏村的女儿远嫁山东、包头等地，父母冬天在宰杀猪羊后，背着一麻袋肉给女儿送去的情形也是常有的。将此作为父母用付出交换女儿的养老回报显然不合情理。魏村的婚礼上，有请婚礼主持人陪嫁礼单的习俗，礼单越长，越能够赢得在场亲朋好友的赞叹，同时也能为女性在家庭中争取地位。所以，魏村有女儿的家庭，现在也千方百计地多陪嫁妆。

丰厚的“彩礼”“嫁妆”，以及结婚时一应俱全为新婚家庭所做的婚房等准备，是父母有义务为子女“包办”婚姻的文化延续，从社会学方面看，它的重要性在于，这些聘礼与嫁妆事实上都是双方父母提供新家庭的物质基础①，同时也是“少子化”后，家庭财富有利于集中到某个孩子身上的体现。“嫁妆”文化 21 世纪之前在魏村并不突出，但我国从未少过陪嫁的文化，过去有钱的大户人家为女儿准备嫁妆展现实力，今天魏村的普通人家也极尽所能地风光嫁女，嫁妆风光的背后，是父母的爱和期待保持往来、获得回报的心思。《人类婚姻简史》说“在发展水平较低的民族中，人们一般都不会无偿地允诺一桩婚事。在大多数情况下，男方必须给新娘的父亲或其他亲属一些补偿，其形式不一或是以亲换亲，或是以身效劳，或是赠予这样那样的财物”②。经济社会发展到今天，人们依然不会无条件地允诺一桩婚事，其背后的原因远比经济和抚养成本复杂。

（二）生育率降低

2021 年 5 月 31 日，中央政治局会议决定实行一对夫妇可以生育三个孩子的政策。近年来生育政策不断调整，从“单独二孩”到“全面三孩”，标志着夫妇在生育子女数量上拥有越来越多的选择，限制生育的阶段正在逐步退出历史舞台。但 2000 年之后，生育政策的数次调整似乎未对魏村的生育率产生影响，魏村 2000 年后成立的家庭，保持一胎生育水平的较多，最多两胎。

① 费孝通：《江村农民生活及其变迁》，敦煌文艺出版社 1997 年版，第 33 页。

② ［芬兰］E. A. 韦斯特马克：《人类婚姻简史》，刘小幸、李彬译，商务印书馆 1992 年版，第 104 页。

中华民国时期对生育率的调查，认为生育率与家庭财富、社会地位、妇女受教育程度成正比。教育程度高的通常是家庭经济条件比较好的，因为贫穷人家是不会让女孩上学的，而这样的人家通常有较好的声望和地位。这样的人家条件允许生育更多的子女，而且子女的成活率较高。[①] 也就是说，随着学历的增高平均每人生育小孩呈上升趋势，所以女性生育率的高低与学历高低无关，与家庭经济情况有关。

但部分国内外研究发现，生育率下降首先发生在受教育程度较高的人群，尤其是女性的受教育程度提高和生育率成反比，即受教育水平越高的人群，生育水平往往越低。[②] 有国外研究特别指出“妇女参加工作和她们的教育程度，似乎是出生率下降的根本原因”[③]。我国有研究提出从 1980 年至 2011 年，中国女性的平均受教育年限与理想子女数之间存在显著的负相关关系，受教育程度越高的女性，理想子女数总体上越低。[④] 最近一项在上海市范围内展开的生育意愿调查却发现，在上海市户籍人口中，往往是受教育程度越高的人群的意愿子女数相对越高。文化程度高的人群或许更有可能生育二孩，且丈夫文化程度越高的家庭更有可能选择生育第二个孩子。研究者称较高受教育程度和家庭收入水平人群，表现出意愿生育子女数较高且更可能转化为实际二孩生育行为的“倒挂性”。[⑤] 这是一项通过对 2003—2017 年五次生育意愿调查所得出的结论，从时间和次数上都具有较高的信度，研究结果和中华民国时期的调研结论一致，总体来讲，是经济水平而不是教育决定生育意愿。

也有经济学的研究认为，生育一个孩子要考虑客观上和主观上生孩子要付出什么代价，孩子的经济价值变了，生育率就会降低。如贝克尔认为家庭收入、父母的时间价值、孩子的质量、兄弟姐妹的数量和其他家庭变量都影响对孩子的需求，但生育率始终主要取决于经济因素：孩子是双亲拥有的

---

① 郑全红：《中国家庭史》（第 5 卷），人民出版社 2013 年版，第 78 页。

② 郑真真：《20 世纪 70 年代妇女在生育转变中的作用——基于妇女地位、劳动参与和家庭角度的考察》，《妇女研究论丛》2019 年第 3 期。

③ ［法］安德烈·比尔基埃：《家庭史：现代化的冲击》，袁树仁译，生活·读书·新知三联书店 1998 年版，第 648 页。

④ 侯佳伟、黄四林、辛自强等：《中国人口生育意愿变迁：1980—2011》，《中国社会科学》2014 年第 4 期。

⑤ 陈蓉、顾宝昌：《低生育率社会的人口变动规律及其应对——以上海地区的生育意愿和生育行为为例》，《探索与争鸣》2021 年第 7 期。

"耐用消费品"。生育孩子与否以及生产数量的多少，在很大程度上取决于比较成本。如果生育第一个孩子的成本和收益分别小于不生育孩子的成本，那么生产孩子就有利可图；如果一个孩子和两个孩子获取的预期总收益一样多，那么就会出现提高质量、减少数量，用质量代替数量的行为。这也是当今西方发达国家出生率降低而对孩子投资增加的主要原因。①

在传统农业生产时代，孩子，尤其男孩在十多岁就开始为农业劳动作贡献了。但是，在经济发展过程中，随着农业的愈益机械化和复杂化，需要孩子做的和孩子能够做的劳动减少了。魏村人对"万般皆下品，唯有读书高"非常重视，他们通常不会因为家庭变故或经济困难等原因中断孩子读书，只要孩子愿意上学，魏村家长不会主动让他们辍学，但也不会强制孩子读书。也就是说，家庭首先将孩子从农业劳动中解放出去，其次将妇女解放出去。上文提到，学校"撤校并点"后，农村孩子上学的时间和交通成本较高，所以农民抚养孩子的成本优势减少，而且因为农村孩子花在学校的时间增加了，农民抚养孩子的成本相应增加，诸如此类的原因也导致了魏村家庭的低生育率。西方关于家庭孩子数量减少相关的研究认为与受教育儿童数量的增加有关，并概括出两种类型。"有两种类型的家庭。在第一种中，孩子本身被忽略或是被忽略的，唯一重要的是遗产及其工作，这是提倡生育的家庭类型。而另一种，家庭的财富主要依赖于孩子及其未来，这是马尔萨斯主义的家庭类型（即倾向于控制生育）。"②

魏村 2000 年 1 月 1 日以后，共有 37 位男性结婚，除 1 位 2017 年结婚的家庭目前还没有孩子外，其余家庭最多两个孩子，37 个家庭至 2022 年 1 月 1 日共生育 50 个小孩，户均生育约 1. 35 个小孩。

表 4 – 1　魏村 2000 年结婚家庭及生育数量

（单位：个）

类型	结婚家庭	离婚家庭	独子家庭	独女家庭	一儿一女	双子	双女	无子女
数量	37	11	15	7	3	3	8	1

① ［美］加里·斯坦利·贝克尔：《家庭论》，王献生、王宇译，商务印书馆 1998 年版，第 6 页。

② ［法］弗朗索瓦·德·桑格利：《当代家庭社会学》，房萱译，天津人民出版社 2012 年版，第 15 页。

离婚家庭中，有 9 个家庭复婚或再婚，魏村 2020 年新成立的家庭户均 3.32 人，高于第七次人口普查我国 2.62 人的人口数。生育政策调整为“全面三孩”后，对魏村出生率的影响还不得而知。有一儿一女的家庭，第一胎为女孩和男孩的都有。双女家庭数多于双子家庭数，独子家庭最多。家庭普遍认为，儿女双全最好，第一胎是儿子，选择不生不是因为完成了传宗接代的任务或者男孩偏好，而是不敢再生，害怕第二胎还生儿子。有学者认为“计划生育”之英文“family planning”本就是家庭计划之意。[①] 农民在生育实践中，生育政策要回归到家庭计划。

魏村人对孩子的教育投入上，没有性别之分。家长通常将孩子送到他们能够找到的最好的学校，孩子成年之后，投入就有了男女有别。尽管 2000 年之后结婚的家庭，夫妻双方年龄最大的也无非 40 岁出头，但他们依然认为，为儿子操办婚事、置办房屋是父母应尽的义务，这个传统观念几乎没有改变。他们认为生两个儿子对家庭来讲负担过重，生两个女儿负担相对轻些。首先家庭为女儿准备什么嫁妆并没有刚性要求，但为儿子准备婚房却是刚性的。生了两个女儿的家庭也不像过去一样为女儿取名拉弟招弟，他们为女儿取的名字也十分考究动听。有两个女儿的家庭在访谈中普遍说选择生育第二胎，并不是一定要生一个儿子，如果一定要儿子的话，会接着生，但他们不会再生。第一胎是女儿选择生育二胎，是觉得家庭可以承受增加一个男孩子的负担，但生的是女儿也会欣然接受。当然，他们也不否认一个家庭儿女双全最好。

有学者认为，“三孩”政策放开之后，农村的出生率会有所提高。从魏村看，现实情况并不容乐观。事实上，无论是计划生育政策还是单独二孩到全面三孩政策，农民对政策的敏感度并不高。他们有自己对生育的理性算计。此外，社会保障在农村覆盖了老人，并没有覆盖儿童。产假等都是针对城市就业人员的，农村人对此并不关心。因此，在生育、养育的事项上，农民做家庭的成本核算，养得起就养，养不起就少养，但如前文提到的，农民并不会不养孩子。37 个家庭中的一个未生育家庭，也不是选择不生育，而是选择推迟生育。

---

① 唐灿、张建：《家庭问题与政府责任：促进家庭发展的国内外比较研究》，社会科学文献出版社 2013 年版，第 1—2 页。

概括魏村生育率低主要有以下几个原因。第一，“抚养成本增加”“养儿防老的观念降低”。2000 年以后结婚的这些家庭，在生育事项的选择和安排上，只谈怎么养育孩子，并不提“养儿防老”。“孩子”在家庭中赡养和为家庭补充劳动力的功能都有所下降。2000 年之后出生的孩子，几乎没干过农活，但他们上学、就业的成本却增加了不少。

第二，家庭回归夫妻，年轻人认为个人生活也是必不可少的。比如 2017 年结婚的这对夫妻，认为二人世界没过够，所以他们推迟要孩子。一些研究认为中产阶层夫妇在生育孩子之后，婚姻交往受到破坏，婚姻满足感也因此下降。[①] 魏村的独子或独女的家庭常常说：“孩子有出息一个就够了，孩子没出息十个也没用，家庭关键看夫妻经营。”在生育上，魏村人的想法和贝克尔几乎一致，用生育质量代替数量，而且认为无论家庭的维持还是进入老年期的照顾，主要靠夫妻而不是子女。

第三，老年人权威的下降。在传统家庭中，生育是女性必须完成的使命，在生育问题上，还会产生婆媳之战、父子之争。如今，生育的主动权几乎全部由生育人自己掌握，父母虽然传宗接代的思想尚存，但他们做不了子女的主。魏村有父母劝儿子再生一胎，并以照顾上代管、经济上支持等条件诱导，但年轻的家庭通常不为所动。

二　离婚家庭增多

我国传统社会的婚姻具有超稳定的特点，这种婚姻的超稳定性，与婚姻建立于家庭之上的经济联系，长时段的家庭抚育期和社会文化有关。20 世纪 20 年代美国学者葛学溥对华南农村的调查发现：“凤凰村没有离婚的问题，根本没有离婚记录。即使妻子与人通奸，丈夫会逼妻子自杀，而不是选择离婚。丈夫不喜欢妻子，可能会移民海外，或另找一位伴侣，而与妻子离婚。只有死亡才能解除婚姻。”“离婚是很没面子的事。”[②] 在这种强大的伦理压力下，婚姻的超稳定性与对感情的剥夺有关。新中国成立后，凤凰村出现离婚案例。某种程度上离婚是婚姻双方注重婚姻的实质内容与满意度。文化在全

① ［美］马克·赫特尔：《变动中的家庭——跨文化的透视》，宋践、李茹等译，浙江人民出版社 1988 年版，第 250 页。

② 周大鸣：《凤凰村的变迁》，社会科学文献出版社 2006 年版，第 131 页。

国各地并非铁板一块，中华民国时期的研究发现当时离婚率很高，但是学者评价中华民国时期的高离婚率并不能证明这一时期婚姻质量的下降。正如当时的法学家指出的那样："晚近离婚事实的增加决不能看作婚姻失败的增加。晚近离婚事实的增加，只是因为新的思想新的社会环境，是许多人不能忍受不良的婚姻，是许多人不甘忍受婚姻的失败。在一个十分健康的社会，失败的婚姻应该是绝无仅有；那么，晚近离婚事实的增加，虽然不是婚姻失败增加的结果，当然也不是一个十分健康的社会应有的现象。但是我们如果依照以上所述，根究中国的夫妻，历来何以能够忍受不良的婚姻，近来何以不能忍受，我们仍然可以说，晚近离婚的增加，是社会比较健康的象征。"①

潘光旦先生认为"婚姻之解散即离婚问题，西方宗教社会以婚姻由天而成，故不能因人而毁。今者我辈认婚姻为绝对之人事，则由人而成者，自不妨因人而毁，故离婚本身实不成问题，成问题者为离婚之原因"。"果何者为适当之离婚原因乎？欲解答此，不能不参考婚姻之目的。"他提出婚姻的四个目的为"其一曰良善子女之养育；二曰父母之侍奉；三曰浪漫生活与伴侣；四曰性欲之满足。"② 婚姻既为此四者而成就，则婚姻生活期内，如有根本违反此四者时，在原则上即宜宣告解散。实行解散与否，他认为要视情况而定，不能一概而论。

进入21世纪，魏村人的生活离城市和现代化很近，现代文化、新潮思想、发达的资讯、不同性别的交流广泛和多样化的职业等，使魏村人沉寂的关于情感的追求和自主的精神落实到行动中。进入21世纪，魏村的男女都接受了一定程度的文化教育，虽然在城市可以找到的工作稳定性低，收入也不高，但他们不愿意回到农村长期生活，子女的教育也使他们把生活重心放在城市。在传统婚姻中，魏村人的家庭责任感很强，孩子是婚姻强有力的纽带，为了孩子有一个完整的家，即使婚姻不太美满，有时也就凑合了，所以有了孩子使原来婚姻牢固得多。但是，如今魏村离婚的家庭，100%都有孩子，一个孩子并不能保证家庭的三角始终是实线和实点。

在魏村的离婚事件中，离婚的主动者女性多于男性，女性在婚姻中有了发言权。经济的分离和抚育的过早完成，使看上去不那么不合适的婚姻也开

---

① 郑全红：《中国家庭史》（第5卷），人民出版社2013年版，第135—136页。

② 潘光旦：《中国之家庭问题》，新月书店1928年版，第226页。

始解体。夫妻陪伴的时间更长，夫妻彼此依赖的程度更高，以 10 年为一代看，村庄里的人们一代比一代更加关注横向的感情生活。

（一）家庭解体变得容易

中国人常说“父母之命，媒妁之言”，父母在子女的婚姻大事中间扮演着非常重要的角色。21 世纪子女所追求婚姻自由，不但包括结婚的自由，也包括离婚的自由。魏村有父母说结婚时为子女大操大办，但在自己不知情的情况下，子女已经离婚了，这让他们非常困惑不解，并且感到心疼委屈。

费孝通先生在《江村经济》中曾说“小家庭私用卧室并不损害家长对房屋的最终处理权。幼辈成员不能出售或与任何人交换住房和土地的情况一样，家长对不动产的处理有最后决定权”①。魏村的小家庭几乎没有夫妻共同财产，房子是父母置办的，通常是男方家庭的婚前财产，并没有女方姓名，女方没有法律上的处置权，离婚时几乎得不到分配，村里的土地女方更是带不走的。所以，结婚涉及财产置办，但离婚几乎不涉及财产分割，离婚的双方将家庭财产物归原主就好。至于子女，从魏村的生育水平看，每个家庭平均 1.35 个孩子，如果女方主导离婚，通常婚外有感情的情况较多，带孩子不方便再嫁。而且她们清楚“孩子留在婆家不会受罪”，所以，女性一旦提出离婚，通常带着父母的陪嫁净身出户。

家庭的少子化，尤其独生子女家庭有利于新家庭财富的“堆积”。“累积”有通过自己奋斗积累财富之意，但新家庭的财富往往是父母“堆积”的，双方父母通过房屋购置、陪嫁等方式，为新家庭的生活做一应俱全的准备。小家庭夫妻双方共同奋斗的，除了婚后的孩子，几乎没有其他。这种“得来全不费功夫”的物质生活使小家庭可以不被柴米油盐困扰，也完全不需要经历父辈们或许经历过的“贫贱夫妻百事哀”的生活。物质上的充沛使他们更有精力注重夫妻情感的生活，这时，夫妻双方对彼此往往都有更高的精神要求。

通常，一个家庭有几个子女的情况下，家庭财产在几个子女之间分解，父母的感情也由几个子女分担。而一个家庭如果只有一个两个孩子，父母的财产和情感输出口较少，和子女的联系通常非常紧密。比如前文提到过的魏

① 费孝通：《江村经济》，商务印书馆 2001 年版，第 68 页。

村一个“三代单传”的家庭只有一个女儿，女孩26岁了，没有男朋友。女孩儿的母亲说，将来女儿结婚，男方给准备什么，她相应陪嫁什么，意思是嫁妆将会十分丰厚。魏村一个四年前结婚的小伙子，自己有一个姐姐，但女方是独生女。两个人都没有固定的工作，结婚时的女方的嫁妆是县城的两个“门市房”，小夫妻可以通过出租或自己经营获取一定收入。小伙的父母为他们准备了婚房和婚车，小两口没结婚就开始在双方父母家“试婚”了，双方父母默认这种行为。小伙子的母亲说，看着两个孩子心里就高兴。父母为子女堆积财富，同时希望获得“看着子女”快乐，男女双方父母都对这样的快乐乐此不疲。日常，小夫妻自己家里不开火做饭，由于小伙子的父母住在魏村，而他们多数时候住在县城，所以小家庭和同住县城的女方父母联系更加紧密。

无论儿女，少子化后，父母依然和他们保持紧密的联系，尤其是女儿如果未远嫁，和父母的联系更是紧密，这个在任何社会都不少见，比如法国有研究说：“婚姻并没有搅乱成年子女与其父母的关系，特别是女儿和妈妈的联系。超过一半的女性已婚被访问者在过去的24小时内见过她们的母亲！女性说‘偶尔我遇到什么意外或有什么烦恼，我都会马上到妈那去’。”[①] 这种结婚后与父母过分紧密的联系，事实上并不利于青年男女在自己的婚姻中承担家庭角色，父母过度的干预也会导致子女对择偶过程和所需要履行的家庭角色准备不足。

另外，现代社会是一个经济富裕物质需求不再匮乏的社会。在核心家庭结构且少子化家庭中成长的现代人，通过人际交往互相支持、互相帮助的机会显著减少，人际关系疏远是少子化家庭在养育问题上的表现。[②] 和他人人际关系疏远的相对面，是和父母联系的紧密。21世纪的夫妻结婚后，彼此和各自原生家庭的联系都是紧密而不间断的。和原生家庭的过分纠缠产生了婚姻中的一些所谓“妈宝男”“妈宝女”，他们在自己成立的家庭中，扮演的角色不足。

父母为孩子面面俱到的准备，孩子婚后几乎不需要奋斗就可以坐享其成的家庭生活，事实上并不利于家庭的稳定。家庭本应该是一个经济的共同体、人类学生活的共同体、情感的共同体。年轻的夫妻除了炙热的情感，其他都

---

① ［法］弗朗索瓦·德·桑格利：《当代家庭社会学》，房萱译，天津人民出版社2012年版，第54页。

② ［日］冈堂哲雄：《现代家庭面临的挑战》，谢素美译，授学出版社1988年版，第162页。

是缺乏的，他们不生火、不做饭，经济是两家人的合并，法律上不承认共同。这些小夫妻如果离婚，几乎没有财产纠葛，双方把堆积在一起的财富物归原主。像费孝通先生说的，婚姻中置入经济的关联，有利于婚姻的存续，这个关联包括过去对土地的依赖，也包括因情感关联中诞生的孩子。在新家庭中，这种关联逐渐降低。除了经济联系的减弱，抚育期的缩短引起家庭解体的另一大因素。魏村 2000 年以后结婚并离婚的家庭中，通常只有 1 个孩子，孩子在哺乳期内，妻子和丈夫都不会提出离婚。而过去的家庭，一个孩子长到 3、4 岁，家里便会再添一个孩子。如今，一个家庭只有一两个孩子，大大降低了家庭的抚育期，不妨将费孝通先生关于家庭的三角结构推演一番①，即能够固定夫妻两点之间长期不四处移动的，是另外一个点在夫妻两点有风险移动的年龄阶段，比如 35 岁之前不间断地更新。20 世纪 80 年代，女性几乎在 35 岁左右停止生育，而之前她们已经生育了几个孩子。每一个孩子的出生，都是对夫妻两点的重新固定。如果固定夫妻两点的是一个完全不动的点，或许能够换来三角的稳定，但是，这个点是成长的、变化的，随着升学、就业、结婚，这一点逐渐成为虚点，难以固定夫妻那条线不移动。换句话说，夫妻生育率降低，抚育期变短，不利于夫妻关系的稳定。

（二）男性主导的中老年离婚家庭

上文提到，在婚姻中，魏村的女性因经济独立、“家里家外一把好手”的能力和整个婚姻市场对男性的挤压，使她们在婚姻中占有更大的主导权。但女性一旦超过 35 岁，对所经营的家庭以及在家庭中产生的社会关系有了较深的感情，通常不再选择离婚。魏村人经常说一个成熟的女性，是容易被孩子拴住的。他们认为成熟的女性，“母性”在情感中占比更大。而男性在这一年龄段，思维变得成熟，经济也更加独立，若发生离婚，他们往往成为离婚的主导方。费孝通先生曾说，人之所以有夫妇的结合，无非是为了要使孩子们得到适当的抚育。② 夫妻之间在抚育中是一种合作关系，抚育完成后，双方对情感有了新要求。理想的夫妇关系能够进行感情的协调，也能够有经济和事业上的合作。用费孝通先生的话说，最好鱼和熊掌两得其全，而现实的夫妻

① 费孝通：《乡土中国 生育制度》，商务印书馆 2001 年版，第 159 页。
② 费孝通：《生育制度》，天津人民出版社 1981 年版，第 39 页。

关系中大多顾此失彼，对夫妇关系期望太高，要求太甚，反而可以使这种关系承担不住而发生裂痕。[①]

在魏村35岁以上离婚的7个家庭中，有两个是夫妻矛盾离婚，谈不上谁主导，其中一个复婚了；另一个没有复婚，但依然共同生活。有一个是女性主导，女性吸烟喝酒、开麻将馆等行为和职业对夫妻感情产生了一定影响，但离婚是女性提出。其余几个都是男性主导的。中年离婚的家庭，女性不再净身出户，中年家庭至少夫妻共同经营10年以上，且有些中年家庭婚后在县城买了房子。离婚时，夫妻要求财产上的分割。比如有一个家庭，丈夫42岁，妻子40岁，有两个儿子。丈夫主导离婚，把县城共同居住的房子分给妻子，但妻子仍然不同意，要求分魏村的房子和土地。这时公公出面，认为土地都是大家庭的，女性娶进门后个人名下没有土地，房子也是婚前父母给盖的，不能分割。公公和村里人说了他不分给前儿媳的真实意图："儿子已经有了新的结婚对象，分房分地是小事，她也带不走，最终还是孙子的，但分给前儿媳，儿子再婚后家庭关系没法相处。"可以看到，夫妻一旦离婚，家庭马上重新调整"差序格局"。这位妻子没有得到魏村的财产，虽然分到了县城的一套房子，她也需要承担其中一个儿子的抚养责任，这意味着她日后要在县城自己工作赚钱、供养儿子。离婚后，这位女性和前婆婆讲自己想带儿子回魏村住，前婆婆说自己做不了主。可以看到，中年女性离婚，自己如果没有独立稳定的职业，就会相对处于弱势的地位。

除了中年离婚，魏村的老年人也跟随银发离婚浪潮蠢蠢欲动。21世纪，从婚姻中"毕业"，也即"卒婚"开始在日本流行。"卒婚"不是离婚，是"家庭内离婚"，指夫妇在迟暮之年决定"分居"，以便实现各自的梦想。[②] 在日本想"卒婚"的人不在少数。比如有日本媒体曾做过调查，有56.5%的男性和73.6%的女性觉得"卒婚"可行。女性想要"卒婚"的比率要高于男性，赞同"卒婚"的女性有80%的人表示对目前的婚姻状态不满意。[③] 把"卒婚"讲给魏村的老人听，他们说"黄土埋半截"了还瞎折腾。但是，魏

① 费孝通：《生育制度》，天津人民出版社1981年版，第52页。

② ［美］珍妮·马什、［日］小仓淳子、蒋威：《日本卒婚现象——从婚姻中"毕业"》，《英语世界》2017年第2期。

③ 董海礁、于湘泳、郑伟华：《从"自分婚""卒婚"看日本女性的新式婚姻观》，《文化学刊》2019年第12期。

村 60 岁左右的男性在 21 世纪也开始折腾婚姻，这是魏村婚姻的新动向。

“家庭内离婚”是夫妇仍然住在一起，但实质上家庭已经解体了。魏村人虽然刚刚受现代化的洗礼，且并不懂得家庭内离婚的后现代性，但他们已经有了这方面的行动。日本的家庭内离婚，通常是在孩子成年后，两个老人对家庭演变达成的共识。不同的是魏村的中老年人（50 岁以上）对婚姻的演变不是两个人的共识，是一个人的决断。魏村过去在 50 岁以上离婚的家庭很少，现在也几乎没有，一是“黄土埋半截”了，身体上不适合折腾了；二是孙辈都有了，父母需要给儿孙辈树立好的婚姻的榜样。过去村里也偶尔存在中老年的婚外性行为，但“分居”或“离婚”的情况没有。

目前，魏村有两位男性和 20 世纪 90 年代的三位越轨女性一样，成为老年婚姻的弄潮儿。两位男性都在和妻子分居后与其他女性共同生活。一个有一儿一女；另一个有两个儿子。他们离开家庭时，儿女们都已经结婚。魏村的女性在这个年龄段，任凭觉得在婚姻中蒙受了何种屈辱，都不会选择离婚。所以，男性想寻找两性之间的感情，就需要离开家门。他们中的一个农闲时做厨师，离开家后和一个女性在县城里租房子住。妻子起先带着儿子去闹腾过几次，但他不回来，妻儿也没有办法。另一个 17 岁时和妻子举行了婚礼，不到四十岁就当了爷爷。他似乎是不爱妻子的，村里很少有家庭暴力的故事，他打妻子的事迹却是有的。他是个很会经营家庭经济的能人，和一个外村的女性在一起后，妻子不同意离婚，他便在离自己原来的家不到 1 公里的地方，盖了一个房子，和心仪的女性生活在一起。在县城租房子的那位男性因为中风无法再从事厨师工作，断了收入，和女朋友也分了手，回到原来的家庭继续生活；另一个还保持现状，他的妻子认为，他的死活、生活都和她没有关系，她的生活重心是两个儿子以及孙子们。

任何时期，夫妻不和睦的情况都有发生。60 岁左右的男性，相比他们的妻子有较宽的视野。这个年龄的女性在她们年轻以及中年时期，生活的半径基本在村庄；而这个年龄的男性，比如那位厨师，已经有了一定的见识。他们和妻子之间，有微妙的文化壁垒，这种文化壁垒，可能影响到夫妻的感情。以那位厨师为例，他农忙之后，季节性地离开家，和妻子形成短暂的分局。他、家中的妻子和工作中遇到的女性极容易形成致命的三角。子女们都已结婚后，他似乎放下了为子女婚前树立名声的考虑，将妻子放在一边而选择和其他女性的感情生活。妻子是正义的化身，似乎屏蔽了对丈夫越轨和自己名誉相关的声音，她将自己和丈夫的越轨有效隔离，这或许也是心理的自我防卫。60 岁的女性似乎依然保持“夫妇有别”的夫妇关系，而 60 岁的男性在寻求“夫妇有爱”了。中风后回到家的男性，不知有没有区分自己“失业”“生病”后妻子接纳、照顾的爱与和移情别恋后的情感之爱。这两对夫妻的出走、接纳和出走、等待行为，还是回到了费孝通先生所讲的“不讲感情合作并不是感情的破裂，或是有恶感之谓，不讲爱，也没有恨；两人在爱恨之外，还是可以相处得很和睦，共同担负这家庭的事业”①。

（三）爷爷奶奶成为孙辈的实际抚养人

魏村 35 岁以下离婚的案例中，女性主导离婚的情况比较多。女性在离婚时通常“净身出户”，孩子财产都不带走。而离婚的丈夫也正值青年，还要再婚再育，所以女性所谓净身离开，虽不带走财产，但也留下了义务。儿子离婚的父母，需要为儿子展开新一轮养育活动，他们成为孙子的实际抚养人，在经济和情感上双重付出。虽为爷爷奶奶，但魏村的父母成为爷爷奶奶的年龄较早。比如父母 25 岁左右生孩子，孩子 25 岁左右成为父母，所以父母成为祖辈的年龄大约 50 岁，他们有一定的精力养育孙辈。

魏村的一个家庭，妻子 1980 年生第二个儿子后去世，因为生活比较困难，丈夫带着两个儿子，一直没能再婚。2000 年，他为大儿子从甘肃找了一个儿媳妇，儿媳妇生孩子后出走了；2005 年，他又为二儿子找了一个儿媳妇，二儿媳妇智商有一点问题，生了孩子后跟别人走了。所以，这个原本 3 个男人的家庭，就变成了 5 个男人。老人今年 73 岁，需要为两个儿子和两个孙子做饭。女性主导离婚，如果留下的孩子成为儿子的负担，在婚姻市场的挤压中，儿子再婚的难度就会加大。为了避免儿子陷入无法再婚的风险，父母主动承担起抚养孙子的责任，并在儿子再婚时承诺他们将带孩子，不给儿子添负担。再婚后，儿子对与前妻所生孩子的关注度取决于和新妻子的融洽程度以及新妻子对孩子的接受程度。女性离婚后，一般不再回魏村看望孩子，外地嫁来的女性自不必说。有本村或邻近地结婚后离婚的女性，也很少探望孩子，因为她们离婚时年龄较小，再嫁后又生了小孩，为了新家庭的和谐，往往舍弃对前家庭孩子的情感。高离婚率增加了祖辈的负担，带来了隔代教育

① 费孝通：《生育制度》，天津人民出版社 1981 年版，第 52 页。

的问题，同时，儿童成长中母职的缺乏也引发了孩子成长中的障碍。

婚姻某种程度是一种规定了养育义务的法律制度，这种义务需要夫妻间的合作得以维持。我们注意到的是，夫妻关系一旦解体，双方对子女养育的义务都变得松散，他们也可能在子女养育问题上进行博弈。魏村部分祖父母的老年生活束缚于养育孙辈中，这与子女有完整的婚姻，父母含饴弄孙全然不同，他们要尽几乎全部的养育责任，因此带来的老年家庭经济问题、身体问题，以及孙辈健康成长的问题是不容忽视的。

21 世纪，魏村的婚姻在各个年龄段都表现出了一定的变化。有对夫妻二人世界有要求不急于生孩子的，有老年分居的、有离婚的，当然，更有一生相守的。21 世纪的婚姻似乎更容易解体。个体化、夫妻双方与各自原生家庭的紧密联系，夫妻各自在收入中的明确以及养育期的缩短等，都可能影响婚姻的存续。魏村人也不断追求在婚姻生活中的自我价值，而婚姻中对自我价值的过分强调，容易导致夫妻关系的脆弱。

有研究认为："'现代主义'的家庭组织形式好像总是与高离婚率相联系的。但是，与传统主义的家庭形式相比，它并没有表现出明显的功能缺陷。更像是一种笼统的态度——相对于'我们这个家'而言，它赋予个人更多权利——这种态度一方面更容易使夫妻产生不满足感，另一方面更容易使这种不满足感演变为离婚的结果。"从某种程度上来说，任何一种结合本来就蕴含着分离的可能。关键问题在于，后现代主义家庭追求的不是家庭的牢固，而是满足家庭成员的心理需求，因此离婚率才会攀升。[①] 我们也需要再次强调，进入 21 世纪，维系婚姻的将主要是夫妻的情感以及给彼此带来的心理上的满足，魏村人提"嫁鸡随鸡嫁狗随狗"，但从不提"两情相悦"，而较高的离婚率却反映着他们对"两情相悦"的需求。

第三节　魏村婚姻的变与不变

显然，20 世纪末起，魏村的婚姻以非常粗暴而迅猛的形式发生变化。从

① ［法］弗朗索瓦·德·桑格利：《当代家庭社会学》，房萱译，天津人民出版社 2012 年版，第 113 页。

对婚姻的“共火”研究看，婚姻是经济制度的一部分，魏村所发生的这些变化，归根到底，是经济制度的变化。21 世纪以来，魏村的夫妻更注重婚姻生活中的感情，但“抛妻弃子”在社区文化中并不被认可，无论当事人认为感情何等重要。

婚姻是建立在家庭之上的，历来，婚姻都不可能满足所有家庭成员的需要。如今，被认为给当事人提供有意义生活领域的婚姻也处于现代性的危机之中。离婚率的激增，反映出个人更愿意在婚姻之外寻求更令人满意的私人关系。①

一　家庭之变化

家庭的变化不是孤立的变化，无论从人口学还是社会学来讲，家庭都不是孤立的，是嵌入整个社会变迁当中的，需要在现代化的视角中去看家庭变化，家庭转变可以看作家庭的传统性逐渐被现代性替代的过程。

传统的魏村家庭，家里只有一个房间，进门是炕，并没有墙壁将老人大人和小孩隔开。新中国成立后，家庭尽量做到老人和大人分开。改革开放以后，魏村的家庭里，老人大人和小孩全部可以分开了。但是，大家庭也从作为一个经济单位的经济体，分解成为不同的小单位。本不必离家很远的村民，有些也开始上班，开始送孩子上学，他们担心时间，照顾老人和小孩不必担心时间和成本的时代过去了，老人、小孩都成了“负担”。

魏村作为一个农业社区，甚至在 20 世纪 80 年代之前，还是一个接近封闭的小天地，村民有一套约定俗成的村规民约。尽管小家庭不断从大家庭裂变出去，但是，每个小家庭并不属于核心家庭成员的私属领地，他们依然接受大家庭的规范和管理。如今，共同居住的扩大家庭组织形式已不复存在，小家庭注重私密性。他们一方面希望拥有自己的私密空间；另一方面与父母之间存在着密不可分的经济上的联系和情感上的依赖。传统家庭中，母亲在孩子的健康成长和受教育中承担主要责任，一旦家庭解体，孩子成长中就体现为母职的缺乏。

传统农业经济因技术落后，大家庭有重要意义。在这样的条件下，经济

---

① ［美］马克·赫特尔：《变动中的家庭——跨文化的透视》，宋践、李茹等译，浙江人民出版社 1988 年版，第 222—223 页。

竞争胜负是由人数多寡决定的。子女是非常重要的生产力，劳力越多，境况就越好。当父母年老时，得到子女赡养的可能性也越大，在这个意义上子女代表了一种老年保险。[①] 父母培养孩子是为了让孩子继承他们，而不是让孩子在社会体系中出人头地。在一个特定的社会中，以年龄等级将社会划分为各个阶层，人的地位的提升就像软木塞自然在水中浮起那样，只是一个时间问题，个人用不着为此做多大改变。[②] 传统的魏村家庭有男孩偏好，除了所谓的传宗接代观念，男孩更适合农业劳动。随着经济的增长，魏村的生活水平有了显著提高。家庭农业的衰微降低了子女的重要性。所以，尽管“三孩”政策已实施，但魏村人对政策并不敏感，他们对于生育和节育的态度和观念取决于不同的经济地位。[③] 在社会整体性流动加大的情况下，魏村的父母更注重对少量孩子的投资和孩子质量的培养。魏村距离县城很近，进入 21 世纪，迅速的城市化加速了生育率的下降，传统的生活方式走向没落。

表 4－2　民国时期的婚姻选择标准[④]

男期于女者	内容	女期于男者	内容
1	性情	1	性情
2	健康	2	健康
3	教育造诣	3	办事能力
4	治家能力	4	教育造诣
5	相貌与体态	5	性道德
6	性道德	6	相貌与体态
7	家世清白	7	经济能力
8	经济能力	8	家世清白
9	母性	9	父性
10	妆奁	10	家产

① ［美］马克·赫特尔：《变动中的家庭——跨文化的透视》，宋践、李茹等译，浙江人民出版社 1988 年版，第 231 页。

② ［美］大卫·理斯曼：《孤独的人群》，王崑、朱虹译，南京大学出版社 2002 年版，第 38 页。

③ ［美］马克·赫特尔：《变动中的家庭——跨文化的透视》，宋践、李茹等译，浙江人民出版社 1988 年版，第 241 页。

④ 潘光旦：《中国之家庭问题》，载李文海《民国时期社会调查丛编（婚姻家庭卷）》，福建教育出版社 2005 年版，第 294 页。

我们可以看到，在中华民国时期，青年男女在进行婚姻选择的时候，就对男女双方都对性情、教育、办事能力等有较高的要求，但他们将家产、妆奁等经济条件放在最后。令人惊讶的是，男方首先期待的也不是女性的“母性”。当然，这也许与调查的信度、效度有关，再则，按照结婚生子的顺序，选择婚姻首先选择的也不应是父性或母性。清晰可见的是婚姻选择并不把经济放在第一位，过去的魏村也是如此，在家庭经济条件相似的情况下，婚姻选择更考虑教育造诣、办事能力等发展潜力。这些在今天有了一定的变化，魏村的男女结婚，既考虑经济条件，也考虑性情相投期其他方面的匹配度，这些对婚姻的质量和满意度都带来一定挑战。

20 世纪以来，魏村的家庭结构和婚姻一直处于变化之中，由多子到少子，由“养儿防老”到“老人自养”，由低离婚率到高离婚率，同居伴侣关系的解体率也较高。导致这些现象的原因有很多，包括个人主义价值观的兴起和性别平等的倡导等。魏村的家庭关系也发生了变化，家庭关系的轴心从纵向的亲代—后代关系轴心转变为夫妻轴心。与家庭“转变”相依的是人口的转变，而这种转变是不可逆的，是趋势性的。家庭在这种转变过程中，出现了去制度化的特征，比如在传统社会中，家庭实际上是集经济、社会、政治、文化于一体的一个社会制度安排。但是随着家庭的变化，制度性的功能越来越弱。在魏村的家庭中，对夫妻情感和陪伴的关系强化，推崇小家庭的价值观。21 世纪，个人主义、世俗主义和理性主义的新的价值观和态度的发展。所有这些价值观具有共同的信条，即限制家庭规模是必需的。[①] 限制家庭规模与强调夫妻关系是一致的。

“结婚”在魏村的话语里叫“娶媳妇”，媳妇娶进门，女方和娘家的关系就发生了变化。她一出嫁就得住到丈夫的家乡去，“嫁鸡随鸡，嫁犬随犬”，在区位上说她确是个随从者。[②] 女子必须在结婚之后随从丈夫去住，若是夫妇要各从他们的父亲的亲属同居，他们就不能经营共同生活了。[③] 嫁来的女子在丈夫村子里所接触的人都是生面孔，她和她一同长大相熟的人隔离了，在举

---

① ［美］马克·赫特尔：《变动中的家庭——跨文化的透视》，宋践、李茹等译，浙江人民出版社 1988 年版，第 232—233 页。

② 费孝通：《生育制度》，天津人民出版社 1981 年版，第 90 页。

③ 费孝通：《生育制度》，天津人民出版社 1981 年版，第 91 页。

目无亲的情况下，只有听命于丈夫的指挥；她唯一可能的反抗是逃回娘家去。[①] 费孝通先生这一系列关于外婚制度下“父居”的描述，有些如今在魏村依然是现实。比如女子嫁到魏村，对她来说周围当然是生面孔，但她反抗的方式，不是长期住到魏村，也不是“逃”回娘家去，她们和丈夫另外寻找自己的独立空间，女方也经常带着丈夫回到娘家去，她们已全然摆脱作为“随从者”的角色，而成为婚姻的主导方。

魏村今日的夫妻，倒有几分像费孝通先生所描述的多布（Dobu）土人的办法。“他们的夫妇是出于不同的村子的，各人在自己的村子里保持着一个房屋，他们带着他们的子女一年在丈夫村子里住，一年在妻子村子里住。”[②] 这种办法的结果是生活上的不安定和没有一个持久的地方团体。其实，费孝通先生无非在强调文化背后的夫妻应有的“共同性”，比如共同的居住、抚育等，有利于经营共同的生活。少子化后，魏村的小夫妻在各自原来的家庭里都保留着自己的房间，他们可以随时回到原生家庭，小夫妻虽然结婚，但在自己成立的家庭中，角色并没有得到充分发挥，与原生家庭的过分纠缠显然不利于共同经营生活，到底对婚姻的维持有没有利，需要进一步研究。因为也有研究证明，当夫妻居住在扩大式家庭时，亲属同样对他们的婚姻起着稳定作用。从母居家庭也具有低离婚率的特征。[③] 魏村的小夫妻既完全不从父，也不从完全从母居，他们和原生家庭密切接触，父母能否像从母居家庭一样起到婚姻稳定作用，有待研究。

二　家庭变动中的“不变”与方向

尽管魏村的离婚率在增长，但一个家庭所需承担的抚育、养老等义务并没有因此中断。魏村人依然非常在意家庭的完整性，虽然个体在家庭中寻求自我意识和自我价值的实现，但对于魏村人来说，婚姻并没有失去本身的价值，最理想的生活模式仍是婚姻；离婚并不代表他们不重视家庭和婚姻的稳定。

婚姻生活比单身或者独自生活更具吸引力，因为前者使个体不仅仅是一

① 费孝通：《生育制度》，天津人民出版社1981年版，第92页。

② 费孝通：《生育制度》，天津人民出版社1981年版，第93页。

③ 邹勤：《无声的交流：婚态·心态·原始掠夺》，西南交通大学出版社1992年版，第164页。

个社会人，而且其生存方式符合社会逻辑，符合劳动市场上的普遍竞争关系，尤其对于婚配的双方，结婚意味着他们同时成为婚姻市场上的胜利者，代表他（她）有能力成为“某位男士或者女士的伴侣”。[①] 从某种程度上来讲，单身在魏村依然会被看作一种残缺，青年男女晚婚会令父母担忧，魏村的大龄女孩较少，但大龄男孩较多，尤其“老实”这个词被污名化后，他们在婚姻市场中的竞争并不乐观，父母也因此对他们的婚姻更为着急。

婚姻中，夫妻双方彼此需要又相互依赖。尽管年轻人对依赖加以否认，进而更愿意让他人承认自己的成就。而事实上，在魏村的调查中，夫妻表达了在经济生活、家中事务以及情感中的彼此依赖。而且，随着年龄的增加，依赖感增强。彼此相互依赖使夫妻在面对矛盾冲突时，能够互相迁就。大多数夫妻，并不苛求婚姻中一个完美的个体。尽管魏村的离婚率高，但是2000年以后的离婚家庭中，有5对夫妻已经复婚或同居，他们探寻夫妻关系的平衡，但同时也有对家庭责任的担当。

中国家庭的内核和本质在对“不变”和方向的把握中，单看家庭结构，结构的确在变得小型化、简单化，而且魏村有单人户家庭出现。那么这些结构中的关系呢？其实我们看到的是，不管是代际关系还是夫妻关系并没有衰落。老人虽然在准备自养，但代际的互动并没有减弱。另外，随着收入的增加，也出现了很多父慈子孝和母慈子孝的案例。

前面提到因陪读、务工等导致的家庭形态，Living Apart Together（别居家庭），这种“分而不离”的居住形式现在看来不利于夫妻感情，但这可能也是中国家庭的一个特点。中国家庭利益最大化在人口流动的决策上能够特别清楚地体现出来，这些分离或者说看起来不那么合理的居住安排，当事人都认为是一个临时现象，生育和死亡是不能回头的，但是家庭的居住是可以不断调整的，而且这些安排和变化都是家庭的决策，决策的标准就是家庭利益最大化。所以实际上很多中国家庭是实用主义的而不拘泥于形式，而更注重家庭获得最大的利益。

魏村的老人还像过去一样愿意为子辈、孙辈牺牲、奉献。子女家庭出现变故，他们用自己的牺牲来换取子女和孙辈利益的最大化，保护孙辈的安全

① ［法］弗朗索瓦·德·桑格利：《当代家庭社会学》，房萱译，天津人民出版社2012年版，第89—92页。

成长，这也许是中国父母特有的。家庭在一个较长的时间尺度下，可能大方向也都是向着个体化趋势变动，但这也取决于这个社会的稳定性、家庭的功能是否会逐渐专业化与社会化，社会变迁的特点和速度与代际关系密切相关。[①]

农村福利和其他制度性安排缺失，家庭在孩子抚育中功能和作用不可或缺，社区只提供最小的、制度性的支持和帮助。[②] 但是，魏村居民之间一种能够保持自洽距离的和谐互动，使生活在这里的人能够得到温暖和保护，居住在魏村的老人，通常不愿意离开魏村，他们在这里的家长里短、守望相助是在任何其他社区都无法获得的。老、幼和横向的夫妻关系所构成的家庭结构中，形成不同的子系统。从魏村看，以中年人为横轴，对上没有放弃养老，对下没有放弃生育和抚育，所以在几十年的变迁中，魏村的传统家庭文化和伦理基本还在；夫妻之间重视情感，但也寻找一种有分寸感的平衡。

---

① ［美］马克·赫特尔：《变动中的家庭——跨文化的透视》，宋践、李茹等译，浙江人民出版社 1988 年版，第 260 页。

② ［美］马克·赫特尔：《变动中的家庭——跨文化的透视》，宋践、李茹等译，浙江人民出版社 1988 年版，第 257 页。

结束语

魏村和许多个像魏村一样的村庄，是我身边的世界，是和我生活息息相关的小世界。它们具有第二次浪潮的特征，却仍然保持着一些代代相传的传统。魏村每个家庭与社区中的居民都非常熟络，居民之前保持着一种合理而自洽的距离。[①] 在这个距离中，他们家长里短，维护着自己的差序格局。

魏村人几乎都是叔本华眼里的常人，他们寄希望于身外之物，寄望于从财产、地位、妻子、儿女、朋友、社会人群那里获取生活快乐；他把自己一生的幸福寄托在这些上面。因此一旦他失去了这些东西，或者对这些东西的幻想破灭，那他的幸福也就随之烟消云散了。为把这种情形表达清楚，我们可以这样说：这个人的重心在他的自身之外。[②] 或许只有伟大的哲学家、只有生活不为物质所困扰而精神世界又极其丰富的人才敢于有这样的表达。人要生活，才创造了一个人文世界，这是任何一个普通人都能懂的道理。如果不是要吃饭，为什么要去耕种呢？如果不是要遮风避雨，为什么要去造房建屋呢？[③] 这些身外之物恰是魏村的人间烟火和生活感。在以农业为主的魏村，村民们曾经“面朝黄土背朝天”的在土地上和家人合作劳动，家庭几代同堂，家庭成员“共火”，若所有成员的重心都在自己身上，一定有人吃不到饭。个人的生存与生活依赖于家庭所提供的保障，因此，家庭的需要和整体利益大于个人的需求，个人的被动性显而易见。

一个大家族即是一个小社会，具有经济、社会以及繁衍后代的功能。这

---

① 项飙、吴琦：《把自己作为方法：与项飙谈话》，上海文艺出版社 2020 年版，第 18 页。

② ［德］阿·叔本华：《人生的智慧》，韦启昌译，上海人民出版社 2005 年版，第 32 页。

③ 费孝通：《师承·补课·治学》，生活·读书·新知三联书店 2001 年版，第 146 页。

种自给自足的特性使国家的干预非常有限[①]，其中包括福利的干预。此外，政府担负起调解家庭关系的责任也经历了一个过程，国内立法在处理发生在私人领域的，仅涉及家庭成员，不影响整个社会的事件时采取的相对较不重视的立场。[②] 这其实也将家庭成员置于各自权威的控制之下，如儿童置于父母的控制，老人置于子女的控制。21 世纪以前，国家干预在魏村主要体现为对土地经营权的干预。魏村人甚至对紧锣密鼓的计划生育政策也不敏感，但这并不意味着他们多生，他们用理性和实践实施家庭计划，保持着人口和土地的平衡。所以，这样的村庄一旦内部运行良好，就是“世外桃源”；一旦出现差池，调整期将非常漫长。

但时代发展至今，没有一个地理单位可以独善其身，当然，随着国家经济实力的增强，也不会排除任何一个地理单位或个体于小康社会之外。只是魏村人世世代代按部就班的生活，他们对自己身边所发生的变化很难从结构上考虑，而是惯性地归咎于个人，比如出现的离婚率高和养老困难问题，他们认为老人聪明一点，年轻人自爱一点，这些问题都可以解决。如果解决不了，他们自会有“儿孙自有儿孙福”的自我安慰。的确，“子孙有他们的环境，有他们的时代，有他们自谋位育与自求多福的方式，我们的深谋远虑说不定对他们并不适合，以至于全不相干”。这是典型的中国人在追寻自我问题上的“内倾文化”。[③]

国外学界对未来家庭的预测有两种观点：第一种是家庭消亡论，认为离婚率的提高以及科学技术的出现将取代家庭的一切职能。家庭将变成一个两性关系非常短暂的居所。第二种是家庭复兴论，建立在婚姻关系和血缘关系上的传统家庭是社会的天然基础，不可摧毁。潘光旦先生认为：“子女之幼，由父母教养之；父母之衰，由子女侍奉之，以尽其天年；故即合二代而言，彼此之待遇即为相互的。”[④] 这也是当“第二性”在全球蔓延时，中国的文化人仅读读而已，大多不为所动。“第二性”强调性别关系，而我国强调家庭，

① 贺颖清：《福利与权利：挪威儿童福利的法律保障》，中国人民公安大学出版社 2005 年版，第 74 页。

② 贺颖清：《福利与权利：挪威儿童福利的法律保障》，中国人民公安大学出版社 2005 年版，第 77 页。

③ 余英时：《中国思想传统的现代诠释》，江苏人民出版社 2003 年版，第 24 页。

④ 潘光旦：《中国之家庭问题》，新月书店 1928 年版，第 103 页。

家庭的重心在于生育，在于代际的互惠，家庭的“生”与“养”是我国家文化的基本主线。家，强调了父母和子女之间的相互依存。它给那些丧失劳动能力的老年人以生活的保障。它也有利于保证社会的延续和家庭成员之间的合作。① 费孝通先生用强调父权、孝道的“反馈模式”和强调平等、自立的“接力模式”作中西方养老比较。如果说两种反哺行为分别是一种强制性义务和一种不一定会实现的隐形契约，那么魏村家庭养老对子代的责任界定应当在二者之间，可以称之为“弱反馈”模式。父代、子代的收入虽然分开，但要在生产过程中进行合作，他们“分而未离”的居住格局一定会有频繁的交往与互动。而在这种日常交往中，父母可以不断地从子女那里得到生活上的照顾和精神上的安慰，当然子女也可继续从父母那里得到支持和帮助，这就是最朴素的人文世界。

在早期的家庭研究中，费孝通先生超越了生物需要论，转向从社会需要论来对婚姻家庭的本质进行论证，将婚姻家庭制度视为满足社会绵延需要的文化体系。在这一转向过程中，社会结构性的需要得到了强调，婚姻家庭的社会意义得到了充分的论证，在个人与社会二者之间，费孝通先生更加突出了社会的实体性以及其对于个人的约束性。在晚年的学术反思中，费孝通先生对早期家庭研究中的观点进行了修正。他认为，个体在社会生活过程中是有需要和能动性的，而非简单的社会载体，并提出了“社会和个人是相互配合的永远不能分离的实体”②，强调在社会科学研究中不仅要看到社会结构，也要看到个人，在晚年更是提出了“心态”研究。到了现当代社会，虽然婚姻家庭对于社会依然具有重要的意义，但是随着个体化进程的推进，婚姻家庭对于个体的意义从客观、物质向主观、情感转变，婚姻家庭更多是个人需求的体现。

魏村从新中国成立到21世纪，在婚姻家庭方面发生了巨大的变化。在文化上，从重视抚育和赡养的纵向关系开始转向夫妻横向关系的重要性。2020年，“三孩”生育政策实施后可见，生育政策对生育事实的敏感度降低。我国离婚占结婚比例为45.9%，而目前65岁及以上的老年人约占总人口的13%，

① 费孝通：《江村经济》，商务印书馆2001年版，第42页。

② 费孝通：《个人·群体·社会——一生学术历程的自我思考》，《北京大学学报》（哲学社会科学版）1994年第1期。

老龄化严重。显然，家庭结构变动对养老、生育、抚育的影响已经常态化。在应对结构性变迁的解决方案上，有了适当的国家干预，但微观层面的干预较少，比如婚姻咨询等在魏村人闻所未闻，但的确需要为处于危机中的家庭提供咨询和帮助。[①]

家庭是人类最基本的社会单位，其本身不会应对变迁的危机，需要从制度建设、社会文化、群体策略等多个层面保护和修复家庭应有的功能。家庭问题归根到底是家庭与个人、社会与个人、社会与家庭的关系如何重构的问题，这应该成为家庭研究关注的核心问题，在这个过程中，需要探索和重新建构家庭研究的理论。

魏村人在世代生活中保留了乡土本色，他们按照差序格局维持着自己独有的秩序，魏村人虽然缺乏今天所提倡的志愿精神，他们身上依然可以看到小农的“私”，但村民之间也能友好相处，保持无讼的秩序。魏村的村民依然喜欢面对面的交往。他们有充实、睿智的心理领域，他们在传统生活中所形成的共同意识、秩序和意义正是城市所缺乏的，也正是第三次浪潮所必备的。如果第二次浪潮由城市席卷乡村，或许第三次浪潮是相反的，城市社区在努力建设的居民网络在乡村社区是既有的。

《能》的创始人世阿弥（Zeami）说，要想成为一位出色的演员，必须善于用观众看你的方式来看自己，于是他就用了“遥远的目光”这种说法。列维－斯特劳斯觉得这种说法贴切地反映了人种学家观察社会的态度：他不是像作为这个社会的成员那样观察这个社会，而是像无论是在时间还是在空间上都远离这个社会的其他观察家观察这个社会那样观察自己的社会。[②] 我似乎在用“若即若离”的目光观察魏村，并对魏村所发生的变化有了和老人们一样“车到山前必有路”和“儿孙自有儿孙福”的态度，我深知并认同“人们是不会回到过去的”[③]，而魏村人自身的调适和社会的制度安排，也一定会造福于魏村，我对此乐观而期待。

---

① ［法］安德烈·比尔基埃：《家庭史：现代化的冲击》，袁树仁译，生活·读书·新知三联书店 1998 年版，第 659 页。

② ［法］迪迪埃·埃里蓬：《今昔纵横谈——克劳德·列维·施特劳斯传》，袁文强译，北京大学出版社 1997 年版，第 230 页。

③ ［法］迪迪埃·埃里蓬：《今昔纵横谈——克劳德·列维·施特劳斯传》，袁文强译，北京大学出版社 1997 年版，第 230 页。

参考文献

中文著作

陈功：《我国养老方式研究》，北京大学出版社 2003 年版。

杜正胜：《传统家族试论》，摘自黄宽重、刘增贵《家族与社会》，中国大百科全书出版社 2005 年版。

费孝通：《乡土中国 生育制度》，北京大学出版社 1998 年版。

费孝通：《江村经济》，商务印书馆 2001 年版。

费孝通：《六上瑶山》，群言出版社 2015 年版。

费孝通：《师承·补课·治学》，生活·读书·新知三联书店 2001 年版。

费孝通：《生育制度》，生活·读书·新知三联书店 2014 年版。

费孝通：《生育制度》，天津人民出版社 1981 年版。

费孝通：《乡土中国 乡土重建》，群言出版社 2016 年版。

费孝通、张之毅：《云南三村》，社会科学文献出版社 2006 年版。

高海清、李家巍：《韦伯：摆脱现代社会两难困境》，辽海出版社 1999 年版。

郭志刚：《当代中国人口发展与家庭户的变迁》，中国人民大学出版社 1995 年版。

贺雪峰：《新乡土中国》，广西师范大学出版社 2002 年版。

贺颖清：《福利与权利：挪威儿童福利的法律保障》，中国人民公安大学出版社 2005 年版。

胡适：《胡适选集》，天津人民出版社 1991 年版。

黄娟：《社区道德的再生茶：话语与实践》，社会科学文献出版社 2011 年版。

黄宽重、刘增贵：《家族与社会》，中国大百科全书出版社 2005 年版。

姜向群：《年龄歧视与老年人虐待问题研究》，中国人民大学出版 2010 年版。
王政、杜芳琴：《社会性别研究选译》，生活·读书·新知三联书店 1998 年版。
李景汉：《北京郊区乡村家庭生活调查札记》，生活·读书·新知三联书店 1981 年版。
梁祖彬：《权威与仁慈》，中文大学出版社 1996 年版。
林语堂：《中国人》，群言出版社 2009 年版。
刘汶蓉：《反馈模式的延续与变迁：一项对当代家庭代际支持失衡的再研究》，上海社会科学院出版社 2012 年版。
马元曦：《社会性别与发展译文集》，生活·读书·新知三联书店 2000 年版。
穆光中：《挑战孤独 空巢家庭》，河北人民出版社 2002 年版。
潘光旦：《潘光旦文集》，北京大学出版社 2002 年版。
潘光旦：《直道待人 潘光旦随笔》，北京大学出版社 2011 年版。
潘光旦：《中国之家庭问题》，新月书店 1928 年版。
潘允康：《家庭社会学》，中国审计出版社、中国社会出版社 2002 年版。
唐灿、张建：《家庭问题与政府责任：促进家庭发展的国内外比较研究》，社会科学文献出版社 2013 年版。
王莉莉、郭平：《日本老年社会保障制度》，中国社会出版社 2010 年版。
王铭铭、［英］王斯福：《乡土社会的秩序、公正与权威》，中国政法大学出版社 1997 年版。
《五原县志》编纂委员会：《五原县志》，内蒙古人民出版社 1996 年版。
项飙、吴琦：《把自己作为方法：与项飙谈话》，上海文艺出版社 2020 年版。
徐平：《文化的适应与变迁——四川羌村调查》，上海人民出版社 2006 年版。
许倬云：《汉代家庭的大小》，新星出版社 2006 年版。
［美］阎云翔：《私人生活的变革：一个中国村庄里的爱情、家庭与亲密关系（1949—1999）》，龚小夏译，上海书店出版社 2006 年版。
杨善华：《家庭社会学》，高等教育出版社 2006 年版。
余英时：《中国思想传统的现代诠释》，江苏人民出版社 2003 年版。
张岭泉：《农村代际关系与家庭养老》，河北大学出版社 2012 年版。
郑全红：《中国家庭史》，人民出版社 2013 年版。
中共中央马克思恩格斯列宁斯大林著作编译局：《马克思恩格斯选集》，人民出版社 2012 年版。
周大鸣：《凤凰村的变迁》，社会科学文献出版社 2006 年版。
朱国华：《权力的文化逻辑》，上海三联书店 2004 年版。
邹勤：《无声的交流：婚态·心态·原始掠夺》，西南交通大学出版社 1992 年版。

中文译著

[俄] A. 恰亚诺夫：《农民经济组织》，萧正洪译，中央编译出版社 1996 年版。
[英] A. C. 庇古：《福利经济学》上卷，朱泱、张胜纪、吴良健译，商务印书馆 2006 年版。
[美] 阿尔文·托夫勒：《第三次浪潮》，黄明坚译，中信出版集团 2018 年版。
[德] 阿·叔本华：《人生的智慧》，韦启昌译，上海人民出版社 2005 年版。
[美] 阿图·葛文德：《最好的告别》，彭小华译，浙江人民出版社 2015 年版。
[法] 安德烈·比尔基埃：《家庭史：现代化的冲击》，袁树仁译，生活·读书·新知三联书店 1998 年版。
[美] 彼得·布劳：《社会生活中的交换与权力》，孙非、张黎勤译，华夏出版社 1988 年版。
[英] 伯特兰·罗素：《罗素的极简智慧》，哲空空编译，北京时代华文书局 2014 年版。
[英] 博洛尼斯拉夫·马林诺夫斯基：《两性社会学——母系社会与父系社会之比较》，李安宅译，上海人民出版社 2003 年版。
[日] 大前研一：《低欲望社会》，姜建强译，上海译文出版社 2018 年版。
[美] 大卫·理斯曼：《孤独的人群》，王崑、朱虹译，南京大学出版社 2002 年版。
[美] 戴维·斯沃茨：《文化与权力：布尔迪厄的社会学》，陶东风译，上海译文出版社 2006 年版。
[美] 戴维·L. 德克尔：《老年社会学》，沈健译，天津人民出版社 1986 年版。
[法] 迪迪埃·埃里蓬：《今昔纵横谈——克劳德·列维·施特劳斯传》。袁文强译，北京大学出版社 1997 年版。
[芬兰] E. A. 韦斯特马克：《人类婚姻简史》，刘小幸、李彬译，商务印书馆

1992 年版。

［德］恩格斯：《家庭、私有制和国家的起源》第 1 册，人民出版社 1966 年版。

［法］弗朗索瓦·德·桑格利：《当代家庭社会学》，房萱译，天津人民出版社 2012 年版。

［日］冈堂哲雄：《现代家庭面临的挑战》，谢素美译，授学出版社 1988 年版。

［美］海明威《老人与海》，吴牢译，上海译文出版社 1999 年版。

［美］加里·斯坦利·贝克尔：《家庭论》，王献生、王宇译，商务印书馆 1998 年版。

［英］雷蒙德·弗思：《人文类型》，费孝通译，华夏出版社 2002 年版。

［美］鲁思·本尼迪克特：《菊与刀》，陆征译，译林出版社 2015 年版。

［美］玛格丽特·米德：《文化与承诺：一项关于代沟问题的研究》，周晓虹、周怡译，河北人民出版社 1987 年版。

［美］玛格丽特·米德：《代沟》，曾胡译，光明日报出版社 1988 年版。

［美］马克·赫特尔：《变动中的家庭——跨文化的透视》，宋践、李茹等译，浙江人民出版社 1988 年版。

［德］马克斯·韦伯：《学术与政治》，冯克利译，生活·读书·新知三联书店 2005 年版。

［英］莫里斯·弗里德曼：《中国东南的宗族组织》，刘晓春译，上海人民出版社 2000 年版。

［意］皮耶尔保罗·多纳蒂：《关系社会学：社会科学研究的新范式》，刘军、朱晓文译，格致出版社、上海人民出版社 2018 年版。

［美］乔治·瑞泽尔：《后现代社会理论》，谢立中等译，华夏出版社 2003 年版。

［日］上野千鹤子：《近代家庭的形成与终结》，吴咏梅译，商务印书馆 2005 年版。

［日］藤田孝典：《下游老人》，褚以炜译，中信出版社 2017 年版。

［德］乌尔里希·贝克：《风险社会》，何博闻译，译林出版社 2004 年版。

［法］西蒙娜·德·波伏娃：《第二性》，陶铁柱译，中国书籍出版社 1997 年版。

［美］詹姆斯·C. 斯科特：《国家的视角：那些试图改善人类状况的项目是如何失败的》，王晓毅译，社会科学文献出版社 2004 年版。

期刊报纸

陈彩霞：《经济独立才是农村老年人晚年幸福的首要条件——应用霍曼斯交换理论对农村老年人供养方式的分析和建议》，《人口研究》2000 年第 2 期。

陈浩天、李玲睿：《近十年中国农村养老服务的研究趋向与价值前瞻——基于 CiteSpace 知识图谱的可视化分析》，《西北人口》2021 年第 1 期。

陈蓉、顾宝昌：《低生育率社会的人口变动规律及其应对——以上海地区的生育意愿和生育行为为例》，《探索与争鸣》2021 年第 7 期。

陈淑卿、陈昌珠：《多学科视角下的古代贱老习俗——从湖北“寄死窑”谈起》，《民俗研究》2005 年第 4 期。

陈滔、卿石松：《中国孝道观念的代际传递效应》，《人口与经济》2019 年第 2 期。

丁英顺：《日本老龄化的最新状况、社会影响与相关社会政策——2018 年版〈老龄社会白皮书〉解读》，《日本研究》2019 年第 1 期。

董志强、钟粤俊：《性别失衡如何影响生育偏好》，《劳动经济研究》2016 年第 5 期。

董海礁、于湘泳、郑伟华：《从“自分婚”“卒婚”看日本女性的新式婚姻观》，《文化学刊》2019 年第 12 期。

费孝通：《个人·群体·社会—— 一生学术历程的自我思考》，《北京大学学报》（哲学社会科学版）1994 年第 1 期。

风笑天、李芬：《生不生二孩？城市一孩育龄人群生育抉择及影响因素》，《国家行政学院学报》2016 年第 1 期。

风笑天：《从“依赖养老”到“独立养老”——独生子女家庭养老观念的重要转变》，《河北学刊》2006 年第 3 期。

傅尚霖：《中国家庭现存的复杂性的研究》，《清华大学学报》（自然科学版）1931 年第 1 期。

高达观：《近代家庭之进化》，《安徽大学月刊》1933 年第 1 期。

格根图雅、胡春梅：《内蒙古自治区中小学陪读现象及其引发的问题》，《内蒙古师范大学学报》（哲学社会科学版）2012 年第 6 期。

宫哲兵：《野蛮“弃老”俗的见证——武当山寄死窑》，《中南民族大学学报》（人文社会科学版）2007 年第 2 期。

郭于华：《代际关系中的公平逻辑及其变迁——对河北农村养老模式的分析》，《中国学术》2001 年第 4 期。

贺丹、刘厚莲：《中国人口老龄化发展态势、影响及应对策略》，《中共中央党校（国家行政学院）学报》2019 年第 4 期。

洪丽、尹康：《新型农村社会养老保险政策的减贫及再分配效应》，《社会保障研究》2021 年第 3 期。

侯佳伟、黄四林、辛自强等：《中国人口生育意愿变迁：1980—2011》，《中国社会科学》2014 年第 4 期。

蒋文迪：《“中国历代农民家庭规模与农民家庭经济学术研讨会”综述》，《中国经济史研究》2003 年第 4 期。

金马：《费孝通教授谈我国家庭问题》，《父母必读》1983 年第 1 期。

李冬莉：《国外的性别偏好研究以及对我们的启示》，《人口研究》1998 年第 1 期。

李根蟠：《从秦汉家庭论及家庭结构的动态变化——兼与杜正胜先生商榷》，《中国史研究》2006 年第 1 期。

李国珍：《村庄家庭养老秩序的变迁研究——湖北某村李氏家族盛衰变迁为例》，《南方人口》2013 年第 6 期。

李珂玮：《“弃老”风俗在中日文学中的表现及成因——以〈爸爸爸〉与〈楢山节考〉为例》，《日本问题研究》2014 年第 3 期。

李银河：《中国家庭的演变》，《百科知识》2004 年第 6 期。

连芙蓉、贾涵颀：《社会转型中农村养老方式的历史演进与现实困境》，《兰州大学学报》（社会科学版）2021 年第 4 期。

林韶南：《弃老习俗下的亲情悲歌——谈〈楢山小调考〉的乡俗规约》，《贵阳学院学报》（社会科学版）2014 年第 6 期。

刘爱玉、杨善华：《社会变迁过程中的老年人家庭支持研究》，《北京大学学报》（哲学社会科学版）2000 年第 3 期。

刘厚莲：《男孩偏好激励父代挣取更多收入了吗？——基于子女数量基本确定的情形》，《中南财经政法大学学报》2017 年第 1 期。

刘华、钟甫宁、朱晶、王琳：《计划生育政策影响了出生性别比吗？——基于微观行为主体的考察》，《人口学刊》2016 年第 4 期。

刘书鹤：《建立有中国特色的老年保障体系——论我国人口老龄化问题的基本

对策》，《人口研究》1999年第1期。
刘素桂：《日本弃老传说“姨舍山”考辨——以日本有关民俗研究成果为基础》，《北京社会科学》2016年第4期。
刘燕舞：《中国农村的自杀问题——兼与景军先生等商榷》，《青年研究》2011年第6期。
刘燕舞：《农村老年人自杀及其危机干预（1980—2009）》，《南方人口》2013年第2期。
龙大轩：《孝道：中国传统法律的核心价值》，《法学研究》2015年第3期。
龙书芹、陈海林：《城市“双非一孩”育龄女性的就业状态对其二胎生育抉择的影响》，《东南大学学报》（哲学社会科学版）2017年第3期。
陆益龙：《后乡土中国的自力养老及其限度——皖东T村经验引发的思考》，《南京农业大学学报》（社会科学版）2017年第1期。
栾成显：《诸子均分制与家庭经济变动——乾隆黟县胡氏阄书汇录研究》，《中国史研究》2006年第4期。
Martin King Whyte：《中国城市家庭生活的变迁与连续性》，《开放时代》2005年第3期。
穆光宗、姚远：《探索中国特色的综合解决老龄问题的未来之路——“全国家庭养老与社会化养老服务研讨会”纪要》，《人口与经济》1999年第2期。
穆光宗：《中国传统养老方式的变革和展望》，《中国人民大学学报》2000年第5期。
穆光宗：《当前中国家庭户小型化的社会意涵》，《人民论坛》2021年第21期。
穆光宗：《家庭空巢化过程中的养老问题》，《南方人口》2002年第1期。
穆光宗：《孝文化的起源与弃老习俗的关系》，《社会科学论坛》2010年第12期。
穆光宗、林进龙：《人口老龄化与老年人问题关系的再讨论》，《新疆师范大学学报》（哲学社会科学版）2021年第5期。
牛文涛、姜润鸽：《新中国70年的农村养老保障：历史演进与现实困境》，《农业经济问题》2020年第2期。
潘允康：《试论中国核心家庭和西方核心家庭的异同》，《天津社会科学》

1985 年第 2 期。
曲绍旭：《农村家庭养老质量影响因素的实证研究——基于江苏、辽宁、湖北三省的调查分析》，《兰州学刊》2019 年第 3 期。
石贝贝、唐代、盛候蔺：《中国人口生育意愿与男孩偏好研究》，《人口学刊》2017 年第 2 期。
石金群：《转型期家庭代际关系流变：机制、逻辑与张力》，《社会学研究》2016 年第 6 期。
石艳、严霄云：《婚姻家庭制度的多维属性——费孝通家庭社会学思想再认识》，《理论界》2018 年第 11 期。
唐灿：《积极创建新型农村家庭养老制度》，《中国社会科学院报》2008 年 9 月 18 日。
唐灿：《家庭现代化理论及其发展的回顾与评述》，《社会学研究》2010 年第 3 期。
唐灿：《中国城乡社会家庭结构与功能的变迁》，《浙江学刊》2005 年第 2 期。
陶涛、袁典琪、刘雯莉：《子女支持对城乡老年人养老服务购买意愿的影响——基于 2018 年中国老年社会追踪调查的分析》，《人口学刊》2021 年第 1 期。
王延中：《加快发展满足老年人美好生活期待的老年保障体系》，《中国党政干部论坛》2021 年第 4 期。
王延中、龙玉其、江翠萍、徐强：《中国社会保障收入再分配效应研究——以社会保险为例》，《经济研究》2016 年第 2 期。
王彦辉：《论汉代的分户析产》，《中国史研究》2006 年第 4 期。
王跃生：《当代中国家庭结构变动分析》，《中国社会科学》2006 年第 1 期。
王跃生：《华北农村家庭结构变动研究——立足于冀南地区的分析》，《中国社会科学》2003 年第 4 期。
王跃生：《清代中期家庭规模分析》，《中国史研究》1999 年第 4 期。
王中江：《经典的条件：以早期儒家经典的形成为例》，《中国哲学史》2002 年第 2 期。
汪正鸣：《稳定低生育水平关键在农村——“人口与农村经济社会发展研讨会”综述》，《中国人口科学》2000 年第 4 期。
魏道明：《从简牍资料看秦的家庭结构》，《青海师范大学学报》（哲学社会科学版）2003 年第 1 期。
魏霞：《农村敬老院的服务传递状况研究》，《内蒙古师范大学学报》（哲学社会科学版）2015 年第 6 期。
邬沧萍：《在全国家庭养老与社会化养老服务研讨会闭幕式上的讲话》，《中国老年学杂志》1998 年第 4 期。
习近平：《决胜全面建成小康社会 夺取新时代中国特色社会主义伟大胜利》，《人民日报》2017 年 10 月 28 日第 1 版。
熊慧君：《论道德的基础和根源》，《求索》2004 年第 9 期。
徐泓：《明代的家庭"家庭形态"权力结构及成员间的关系》，《辅仁历史学报》1993 年第 5 期。
薛天山、李巧敏：《父母与公婆之间的权衡：农村女性家庭权力与养老资源的分配》，《南方人口》2021 年第 1 期。
杨善华、侯红蕊：《血缘、姻缘、亲情与利益——现阶段中国农村社会中"差序格局"的"理性化"趋势》，《宁夏社会科学》1999 年第 6 期。
杨善华、孙飞宇：《作为意义探究的深度访谈》，《社会学研究》2005 年第 5 期。
杨善华、吴愈晓：《我国农村的"社区情理"与家庭养老现状》，《探索与争鸣》2003 年第 2 期。
余碧艺：《农村居民生育性别偏好及其影响因素的统计分析》，《兰州财经大学学报》2016 年第 3 期。
袁春瑛、薛兴利、范毅：《现阶段我国农村养老保障的理性选择——家庭养老、土地保障与社会养老相结合》，《农业现代化研究》2002 年第 6 期。
曾毅：《资源整合与人口流动》，《河南社会科学》2016 年第 9 期。
张川川、陈斌开：《"社会养老"能否替代"家庭养老"？——来自中国新型农村社会养老保险的证据》，《经济研究》2014 年第 11 期。
张金光：《关于秦的父权、家长权、夫权与妇女地位》，《山东大学学报》（哲学社会科学版）1988 年第 3 期。
张研：《清代家庭结构与基本功能》，《清史研究》1996 年第 3 期。
赵为：《"分而不离"核心家庭——当代老年人期望的家庭模式》，《老年学杂志》1988 年第 4 期。
赵浴沛：《睡虎地秦墓简牍所见秦社会婚姻、家庭诸问题》，《中国社会经济史研究》2003 年第 4 期。

郑功成:《全面理解党的十九大报告与中国特色社会保障体系建设》,《国家行政学院学报》2017 年第 6 期。

郑功成:《面向 2035 年的中国特色社会保障体系建设——基于目标导向的理论思考与政策建议》,《社会保障评论》2021 年第 1 期。

郑真真:《20 世纪 70 年代妇女在生育转变中的作用——基于妇女地位、劳动参与和家庭角度的考察》,《妇女研究论丛》2019 年第 3 期。

中共中央国务院印发:《乡村振兴战略规划(2018—2022 年)》,《人民日报》2018 年 9 月 27 日。

周其仁:《中国农村改革:国家和所有权关系的变化(上)——一个经济制度变迁史的回顾》,《管理世界》1995 年第 2 期。

外文文献

Caro, Francis G. "Family and Aging Policy", *Journal of Aging & Social Policy*, 2006(3).

Chi-ming Chao, "a study of the Chinese population", The Milbank Memorial Fund Quarterly Bulletin, Vol. 11 (4), 1933.

E. W. Burgess, H. J. Locke, *The Family, From Institution to Companionship*, NewYork: American BookCo. 1945.

George Peter Murdock, *Social Structure*. New York: Free Press. 1949.

P. L. Berger, B. Berger, H. Kellner, *The Homeless Mind: Modernization and Consciousness*. NewYork: VintageBooks, 1974.

Pan, Yuqin , Jones, Patricia S, Winslow, Betty W. "The Relationship Between Mutuality, Filial Piety, and Depression in Family Caregivers in China", *Journal of Transcultural Nursing*, 2017(5).

R. M. MacIver, Charles H. Page, *Society, An Introductory Analysis*, London: Macmillan, 1950.

United Nations, *Method of Appraisal of Quality of Basic Data for Population Estimates*, Manual Ⅱ, 1955.

Yang, C. K, *Chinese Communist Society: The Family and The Village*. The M. I. T. Press, 1959.